IT 임원이 되다

IT 임원이 되다

ⓒ김성보, 2024. Printed in Seoul, Korea

초판 1쇄 찍은날　　2024년 6월 24일
초판 1쇄 펴낸날　　2024년 7월　1일

지은이　　　　김성보
펴낸이　　　　한성봉
편집　　　　　최창문 · 이종석 · 오시경 · 권지연 · 이동현 · 김선형 · 전유경
콘텐츠제작　　안상준
디자인　　　　최세정
마케팅　　　　박신용 · 오주형 · 박민지 · 이예지
경영지원　　　국지연 · 송인경
펴낸곳　　　　도서출판 동아시아
등록　　　　　1998년 3월 5일 제1998-000243호
주소　　　　　서울시 중구 필동로8길 73 [예장동 1-42] 동아시아빌딩
페이스북　　　www.facebook.com/dongasiabooks
전자우편　　　dongasiabook@naver.com
블로그　　　　blog.naver.com/dongasiabook
인스타그램　　www.instargram.com/dongasiabook
전화　　　　　02) 757-9724, 5
팩스　　　　　02) 757-9726
ISBN　　　　978-89-6262-389-5 03190

※ 잘못된 책은 구입하신 서점에서 바꿔드립니다.

만든 사람들

편집　　　　　장인용
교정교열　　　좋은글
표지디자인　　양은정
본문디자인　　김경주
크로스교열　　안상준

IT 임원이 되다

김성보 지음

공돌이 출신 말단 사원이 대기업 임원이 되기까지!
K-직장생활 블랙박스

동아시아

인생에서 오기로 되어 있는 날은 반드시 온다고 한다. 나에게도 마침내 긴 직장 생활을 마치고 은퇴하는 날이 왔다. 하지만 아무것도 남기지 않고 그냥 떠나고 싶지는 않았다. 완전한 은퇴 생활로 들어가기 전에 30년 넘게 했던 직장 생활의 경험을 정리해 필요한 분들에게 전하고 싶은 마음이 있었다.

그렇게 이 책을 써가는 중에, 어렵사리 창업은 했지만 성장이 정체되어 다음 단계를 고민하고 있던 한 사람을 만났다. 그의 이야기를 들어보니 돈과 관련된 것 외에 성장을 위한 기록은 하지 않은 것으로 보였다. 나는 그에게 이렇게 조언했다.

"모든 일을 정리해 기록으로 남기지 않고 입으로만 말하고 마는 것은 좋지 않다. 계속 그런 식이 된다면 언제나 처음 출발점으로 되돌아오는 상황을 맞게 될 것이다. 만일 나와 내 주변에서 벌어지는 모든 일을 기록한다면 그때는 적어도 처음부터 시작하는 일은 없을 것이다. 내가 남긴 모든 기록이 언제나 새로운 출발점이 되어줄 것이다.

지금 기록해 놓은 것들이 당장 필요한 것일 수도 있지만 그렇지 않을 수도 있다. 그때는 그것을 버리지 말고 책상 서랍에 넣어 보관하기를 권한다. 시간이 지나면 언젠가 그것이 필요할 때가 올 것이다. 그때 다시 꺼내서 읽어보고 적용 여부를 살펴보면 된다. 그리고 그것을 적용할 수 있으면 실행하고, 적용할 수 없다면 그 부분에 지금까지 있었던 것들을 정리해서 업데이트를 해놓으면 된다. 그러면 이제 그 지점이 새로운 출발점이 될 수 있다. 그 지점에서 새로운 시작을 할 수 있다.

모든 일을 이와 같은 방식으로 하기를 권한다. 기회는 도박에서의 운처럼 오지 않는다. 내면의 꾸준한 축적과 준비하고 인내하는 시간을 통해서 찾아온다. 대기업들은 거의 모두 이런 방식으로 일하면서 기업을 키운다. 기록은 자산과 다르지 않다."

직장에 다니는 사람에게 크게 두 가지 기쁨이 있다고 한다. 하나는 월급이 오르는 것이고 다른 하나는 승진이다. 그런데 승진해서 부여받게 되는 새로운 직무는 해본 적이 없는 일이고 가보지 않은 길이다. 어떻게 하면 잘할 수 있을까 고민하지 않을 수 없다. 하지만 잘하고자 하는 마음과는 달리 승진할 때마다 초보자가 되어야 했다. 아무런 사전 지식 없이 몸으로 부딪쳐 가면서 하나하나 배워가야 했다.

그랬기에 먼저 그 길을 가봤던 사람의 경험 이야기를 들을 수 있다면, 궁금한 것들을 물어볼 수 있다면 정말 좋겠다는 생각을 오랫동안 했다. 내가 알고 싶었던 것은 대부분 선임자의 입을 통해서만 얻을 수 있었을 뿐이었고, 회사에 글로 기록되어 남아 있는 것은 찾기 어려웠다.

나는 임원으로 승진했을 당시 다른 어떤 때보다 실수나 시행착오 없이 잘해보고 싶었다. 그래서 임원의 직무에 도움이 될 수 있는 자료를 찾기 위해 시중에 나와 있는 책들을 살폈지만, 임원의 직무를 어떻게 수행하는가를 알려주는 책은 찾기 어려웠다. 다만 임원이 되기 위해서 어떻게 하는 것이 좋은가를 제시하는 책은 여러 권 있긴 했다. 어쩌다 괜찮아 보이는 책을 찾아도 내용은 부실했다. 이에 아쉬움이 컸던 만큼 나는 임원의 직무 수행과 생활에 관한 내용을 가능하면 자세하게 기록으로 남기고 싶었다.

우리 직장인들에게 임원이 되는 것은 모두가 꿈꾸는 최고의 성취라고 할 수 있다. 일반적으로 대기업에서 임원으로 승진하는 비율은 1% 정도라고 한다. 100명 가운데 1명이 임원이 되는 셈이다. 내가 임원이 되어 보니 임원이 되기 위해 노력하는 일과 임원이 된 후의 업무나 생활은 전혀 달랐다. 임원이 된다는 것은 회사를 경영하는 경영진의 한 사람이 되는 것이고, 업무 영역에서의 결정 권한도 수직으로 상승한다. 또한 임원에게 주어지는 여러 혜택은 말할 필요도 없다. 회사 밖에서의 활동에서도 대우가 달라짐을 느낄 수 있다. 자기가 속한 세상을 더 좋게 만들어 갈 수 있는 힘이 있다는 것도 알게 된다.

하지만 임원이 되는 것이 반드시 좋은 것만은 아니다. 매년 업무 실적을 평가받은 것으로 더 일할지 그만두고 나갈지가 결정된다. 임원은 언제라도 회사를 그만두게 될 수 있기 때문에 스트레스가 많은 자리다. 말하자면 임시 촉탁직과 같은 신세다. 하지만 나는 다시 직장을 다니게 되더라도 임원이 되는 것을 주저하지는 않을 것이다.

임원이 되기 전에는 오로지 상사로부터 지시받은 일만을 수행하는 것에 그쳤다면, 임원이 된 이후로는 자기 업무 영역에서 종합적이고 최종적인 의사결정을 하고 그 결정에 대해 책임을 진다. 회사의 미래를 좌우하는 결정은 매우 힘든 일이지만, 결정 후에 실행하고 성취하는 과정에서 느끼는 보람과 희열은 무엇과도 바꿀 수 없다. 임원은 자기가 속한 조직을 더 좋은 조직, 성장하고 발전하는 조직으로 만들어 갈 수 있다.

이 책은 나의 33년 직장 생활의 기록이다. 또한 직장에서 승진하고 싶어 하고 또 무엇보다 임원이 되기 위해 치열하게 노력하며 임원이 된 뒤에도 더욱 일을 잘하려고 하는 분들을 위한 기록이다. 물론 내가 대단한 임원 생활을 했기 때문에 이 책을 쓰는 것은 아니다. 다만 먼저 그 길을 가봤던 사람으로서 기록을 남길 뿐이다. 이 책을 읽는 독자분들은 내가 33년을 어떻게 달려왔는지 그 지나온 길을 들여다볼 수 있을 것이다. 직장인의 길을 가고자 하거나 이미 가고 있다면 이 기록을 참고해서 더 나은 삶의 여정을 만들어 갈 수 있을 것이다.

무엇보다 임원이 되기를 소망하는 분이라면 이 기록이 적절한 도움이 되리라 생각한다. 그리고 꼭 그 소망을 이루기를 응원한다. 이미 임원이 되어 임원 생활을 시작한다면 이 책이 더 멋진 시간을 위한 미리보기가 될 수 있기를 희망한다. 독자분이 기록을 읽는 과정에서 배울 것이 있다면 배우고, 참고할 것이 있다면 참고하고, 또 모자란 부분으로 보이는 것이 있을 때는 반면교사로 삼는다면 이 책을 쓴 보람이 클 것이다.

그런 목적을 가지고 최대한 솔직하게 기록했다. 내가 쓴 이 기록이 경험과 정보가 되어 독자분들의 소망이 이루어지는 데 작은 도움이라도 될 수 있기를 진심으로 바란다. 이 책을 읽는 시간이 새롭고 진전된 출발점을 갖는 시간이 되고, 더 멀리 도달할 수 있는 힘을 주게 되기를 희망한다.

이 책은 다섯 개 장으로 이루어졌다. 1장은 신입 사원으로 입사해 임원으로 승진하기까지의 직장 생활을 정리해 기록했다. 아무것도 모르고 입사했던 신입 사원이 임원으로 승진하기까지의 여정이다. 2장은 CISO(정보보호 최고책임자, 보안 담당 임원)로 활동했던 이야기를 정리했다. CISO를 꿈꾸는 사람, CISO 직무를 수행하고 있는 사람에게 도움이 될 것이라 기대한다. 3장은 CIO(최고정보책임자, 정보기술 담당 임원)로 살았던 이야기를 정리했다. 보안 담당 임원으로 재직했던 기간을 제외하고 직장 생활 대부분의 시간을 바쳤던 업무 이야기다. CIO를 꿈꾸는 사람, CIO 직무를 수행하는 사람에게 도움이 될 수 있을 것이다. 4장은 임원의 생활이 어떤지 궁금한 사람들을 위해 정리했다. CISO나 CIO 직무에 대한 것보다 임원 생활이 궁금하다면 여기부터 읽어도 무방하다. 5부는 직장 생활을 시작한 젊은이들에게 먼저 그 길을 갔었던 사람으로서 꼭 들려주고 싶은 나의 경험과 생각을 정리했다. 처세의 방법보다 사람으로서 잘 살기 위해 어떻게 하는 것이 좋을까 고민했던 기록이다.

끝으로 이 책은 한편으로는 자녀들이 아버지가 살아온 시간을 기억해 주었으면 좋겠다는 마음으로 썼음을 말하고 싶다. 늘 새벽에 나가서 늦은 밤에 돌아왔고 주말이면 이런저런 이유로 함께하지 못했던 시간에 대해 이해를 구하고 싶은 마음이었다. 책을 쓰면서 여러 기억이 스쳐 지나갔지만 좋은 것만을 기억하려 노력했다. 나와 같은 심정으로 살고 있는 분들을 생각하며 그들에게 내 모든 경험을 이야기해 주고 싶은 마음이었다. 글을 쓰는 동안 부끄러움을 참는 인내와 용기가 필요했다. 그렇지만 이렇게 기록을 남기고 은퇴자의 길을 갈 수 있는 것은 행운이라는 생각 또한 들었다. 독자분들이 부디 이 책을 통해 원하는 좋은 삶으로 향하는 샛길이라도 찾을 수 있기를 바랄 뿐이다.

2024년 7월

김성보

contents

1장

나의 직장 생활

1. 임원이 되었다

나는 2015년 1월 1일에 임원이 되었다. 1989년에 직장 생활을 시작했으니 임원이 되기까지 꼭 26년이 걸렸다. 남보다 빠르게 임원이 된 것은 아니었지만 세월의 풍파와 우여곡절을 거쳤기에 감회가 깊을 수밖에 없었다. 아마도 직장 생활을 하면서 임원이 된 사람이라면 나와 마찬가지 심정이었을 것이다. 오랜 직장 생활 끝에 임원이 된다는 것은 무언가 뿌듯한 기분이 들고, 어쨌거나 성공했다는 느낌도 든다.

요즘은 그렇지 않지만 옛날에는 처음 직장에 입사했을 때 임원을 목표로 삼는 직원은 거의 없었다. 물론 처음부터 내심 사장, 회장이 되는 것이 목표인 사람도 있기는 있었겠지만 현실적으로는 말단 직원이 임원이

나 사장을 바라보기에는 그 거리가 너무 아득하다. 나 또한 처음 직장 생활을 시작했을 때는 아무런 생각이 없었다. 대학을 졸업했으니 취업을 해야 한다는 부모님의 성화에 떠밀려 취업할 수 있는 곳을 찾아 직장인이 되었다. 물론 대학 전공에 맞춰 일자리를 찾았다. 돌이켜 보면 방향도 목표도 없이 막연한 생각으로 직장 생활을 시작했다. 물론 입사한 직장에도 임원은 있었다. 그러나 그때는 까마득하게 먼 곳에 있는 사람들에게 관심을 둘 여유조차 없었다.

그런데 첫 직장에 입사한 뒤 얼마 있다가 인사부장과 신입 사원의 단체 면담 자리가 있었다. 신입 사원을 모아놓고 차 한잔 나누면서 한 사람 한 사람 얼굴을 확인했다. 그 자리에서 들었던 말 가운데 지금도 기억하는 것이 하나 있다.

"다니는 직장에서 부장으로 승진했다면 사회에서 성공했다는 평가를 받을 겁니다. 그리고 임원으로 승진하게 되면 출세했다고 말합니다."

그때 이 이야기를 듣고도 임원이 되어야지 하는 생각을 품지는 않았다. 아마도 부장까지는 해봐야 하지 않을까 하는 생각 정도는 했을 것이다. 그렇지만 신입 사원과 부장까지의 거리도 까마득했다.

임원이 뭐길래

직장 생활을 하면서, 임원은 2년 임기를 기준으로 연임과 퇴임이 있다는 것, 별도의 좋은 공간에서 생활하고 있다는 것, 실무보다는 의사결정을 하는 큰 권한이 있다는 것들을 자연스럽게 알게 되었다. 임원 앞에서는 누구나 공손했고 조심스럽게 행동했다. 연말이 되면 회사 안에는 인사와 관련된 소문이 돌아다녔는데, 그 가운데 가장 큰 이슈는 누가 임원이 되는가였다. 물론 각자의 직급에서 이슈는 다르지만, 임원 승진은 거의 모든 직장인의 관심사였다.

스스로가 임원이 되어봐야겠다는 생각을 한 것은 금융회사로 이직한 이후였고, 그것도 한참이 지난 뒤였다. 그제야 직장 생활의 최종적인 목표가 정해진 셈이었다. 그것은 직장 생활의 연륜이 쌓여 무엇을 목표로 일해야 하는지를 알게 되었던 때문일 수도 있고, 업무의 영역이 점차 변화해서 그랬을 수도 있다. 여하튼 직장 생활을 통해서 권한을 지닌 임원이 매력적인 모습으로 비춰졌고, 기왕에 하는 직장 생활을 멋있게 하려면 임원이 되어야 한다는 걸 명확하게 인식했던 것이다. 특히 대기업의 임원은 여러모로 매력적인 모습으로 다가왔다.

일반적으로 임원에게는 권한이 보장되고 직무 수행을 위한 적절한 지원이 제공된다. 보통은 임원이 되면 생기는 독립된 사무실이나 제공되는 비서와 차량 같은 것 때문에 혹하기도 하지만, 그보다 훨씬 더 매력적인 것이 바로 의사결정의 권한이다. 자신이 몸담고 있는 조직에서 의미 있는 성취를 이루려면 임원이 되어야 비로소 가능하다. 내 경우에는 그런 생각을 품은 것이 기획 업무를 하면서부터였으니 직장 생활 15년이 지난 다음에야 비로소 임원의 꿈을 품게 된 셈이다. 곧 직장 생활에서 성취욕이 생긴 다음에야 임원이 가진 권한이 비로소 눈에 들어왔던 것이다.

임원이 된 첫날, 최고경영자에게 인사를 하기 위해 그의 방을 찾았다. 최고경영자가 의례적인 격려와 덕담을 해주었고, 이어서 신년 하례식이 있었다. 신년 하례식에서 최고경영자는 '건강하라'라는 덕담과 회사를 둘러싸고 있는 상황이 쉽지 않다는 우려를 이야기했다. 물론 어려움을 이기고 목표를 이룰 수 있다는 긍정적인 이야기도 했다.

여느 때 같으면 이런 덕담과 우려 그리고 목표의 제시를 그저 의례적인 이야기라 치부할 수 있었겠지만, 임원이 된 다음에는 분명히 느낌이 달랐다. 한 회사를 대표하는 책임자가 하는 말의 무게가 느껴지는 순간이었다. 이 말에 임원으로서 해야 할 일에 대한 마음가짐이 새로워졌다. 무거운 책임감이 들었다. 비록 하루도 채 되지 않은 초임 임원이었지만 앞으로 잘해봐야겠다는 마음이 들었다. 임원으로서의 책임감이 와닿는 순간이었다.

임원이 되고 난 뒤 첫 1년은 날마다 긴장하는 생활의 연속이기도 했다. 한편 나는 임원이 되면 해보고 싶은 생활 방식이 있었다. 그것은 아침 6시에 출근해서 오후 6시 정각에 퇴근하는 생활이다. 출근해서 2시간 동안은 신문을 다 읽고 해야 할 공부도 다 마친 다음 업무를 시작하는 것이다. 새벽 5시에 일어나 출근하는 임원 생활이 시작되었다. 임원으로서 첫 출근을 하는 아침이 즐거웠다. 이제 그 책임감을 성취로 바꾸는 일만 남았다고 생각했다.

임원을 꿈꾸는 새내기라면

요즘은 처음 출근하는 직장인도 대개 임원을 꿈꾼다. 아니, 임원을 넘어서 사장, 회장을 바라보는 신입 사원도 적지 않다. 그러나 꿈을 그렇게 높이 가진다고 직장 생활이 생각대로 진행되지는 않는다. 당장 일이 적성에 맞지 않아 1년을 버티기 힘든 사람도 많다. 그렇게 직장 일에 적응하면서, 이 업무 저 업무를 해나가며, 때로는 부서 이동과 이직을 하며, 사람들과 부대끼며 적어도 20년은 지나야 그 꿈을 이룰 수 있다. 물론 CEO가 되려면 대개는 임원을 먼저 거쳐야 하니 그보다 더 오랜 시간이 걸린다.

물론 20년이 너무 길다고, 능력만 있으면 빨리 진급할 수 있다고 여기는 직장인도 있을 것이다. 그렇지만 능력은 하루아침에 쌓이는 것이 절대 아니다. 많은 경험과 실전을 거치면서 열심히 자기 계발을 하고 노력해야 쌓이는 것이 실력이다. 더군다나 지금처럼 변화가 많은 시기에는 공부해야 할 것도 많고 적응해야 할 것도 늘어난다. 물론 스스로 창업하면 이 모두를 건너뛸 수 있겠지만, 사업에 필요한 자본력을 갖추기는 매우 어려운 일이고 게다가 현실은 그야말로 무한 경쟁의 사회다. 아무리 치밀한 계획이 있어도 돈키호테가 풍차에 돌격하는 격이 되고 만다.

여하튼 이 모두를 떠나서 젊은이가 원대한 목표를 세우고 그를 향해 매진하는 것은 바람직한 일이다. 그렇게 하다 실패해 꿈은 이루지 못할지라도 꿈조차 꾸지 않고 시도조차 하지 않는 것보다는 낫다. 그러나 그렇더라도 사회와 직장에 첫발을 내딛는 젊은이라면 내 발걸음의 나침반이 될 수 있는 앞선 사람의 경험을 받아들여 시행착오를 줄이는 것이 좋다. 나는 여기에 내가 가진 30년 넘는 경험을 진솔하게 모두 적을 것이다. 아무쪼록 이 경험담을 통해 앞사람의 발걸음을 따라가는 현명한 직장인이 되기를 바란다.

2. 첫 직장

나는 1987년에 육군 병장으로 제대했다. 대학을 졸업한 뒤에 입대했기 때문에 제대와 동시에 직장을 찾아야 하는 상황이 되었다. 대학에서 같이 공부했던 친구들은 병역특례 직장을 택한 경우가 많았다. 제대 후 그들을 만났을 때 이미 어엿한 회사원으로 자신이 맡은 일을 해나가며 살아가는 모습을 보면서, 나도 빨리 취업해야겠다는 생각에 마음이 조급했다.

제대 후 직장을 구하는 과정에서 더러 몇 곳에 합격하기도 했지만, 서울이나 서울 가까운 근교에 직장을 구하고 싶어 지방 근무지인 곳은 아예 가지 않았다. 당시 우리 집 형편은 백수인 나를 지원할 형편이 되지 못했다. 사정을 잘 알고 있는 친구 하나가 나에게 용돈을 주어, 그 돈으로 책도 사보고 이곳저곳 돌아다니면서 세상 물정을 보고 겪는 시간을 갖기도 했다. 그러한 시간을 가질수록 어딘가에 속하지 못하고 있는 자신을 발견하며 스스로 위축되기도 했다.

주변 사람들은 내가 좋은 학교를 나왔으니 취업은 어렵지 않을 것이라고 했고, 나 역시 여기저기 원서를 내면서 금세 취직할 수 있을 것이라 기대했다. 하지만 실제로는 그리 쉽지 않았다. 가장 큰 이유는 두 가지가 있었다. 첫째로 취업하는 시기를 놓쳤기에 갈 곳이 많지 않기 때문이었다. 두 번째는 기계공학 전공자를 필요로 하는 근무지는 대체로 지방이었는데, 나는 지방에는 가지 않으려 했기 때문이었다.

기계공학을 버리고 전산으로

우여곡절 끝에 나는 대우그룹 공채에 합격할 수 있었다. 그룹 연수원에서 신입 사원 교육을 받았다. 교육과정의 내용과 강사진은 훌륭했고, 교육을 받은 다음에는 무척 뿌듯하고 어떤 일이든 할 수 있을 것 같았다. 교육 후 부평에 있는 자동차 회사로 배치를 받았다. 배치받은 회사에서 다시 교육받으며 희망 부서를 적어 내도록 했다. 기계공학 전공자는 생산기획 또는 생산관리로 배치를 받는 것이 일반적이었다. 그래야 공부한 것을 활용할 수 있으니 당연한 선택이다. 하지만 나는 그 시점에서 새로운 결정을 했다. 대학 4학년 때 배웠던 자동제어에 대한 강한 인상이 대학 4년의 전공을 버리고 과감하게 방향을 틀게 만든 것이었다. 나는 희망 부서를 전산실이라고 썼다. 이 결정 하나로 나는 전산 분야에서 30년 이상 근무하게 된다.

전산실은 자동차연구소가 있는 연구동 맨 꼭대기에 있었다. 직원은 대략 100명 정도로, 임원 1명과 부장 2명으로 구성된 조직이었다. 신입 사원인 내가 앉은 자리는 임원 자리 바로 앞이었다. 말로만 듣던 임원 코앞에서 일하게 된 것이다. 그는 다른 직원보다 서너 배 넓은 공간을 썼고 비서가 따로 있었다. 그때 나는 그를 그 조직에서 가장 높은 사람 정도로 이해했다. 심지어는 임원 코앞 책상에 앉아서 졸다가 옥상에서 선배 직원으로부터 지적받는 일도 있었다.

처음 신입 사원일 때 할 수 있는 일은 별로 없었다. 또 신입 사원에게는 일을 맡기지도 않았다. 대개 자리에 앉아 책을 읽었다. 책을 보다 졸리면 일어나서 밖에 나가 생산 현장을 돌아다녔다. 자동차 공장은 매우 넓었다. 광야와 같이 넓은 공장을 이곳저곳 돌아다니면서 자동차가 생산되는 공정, 근무하는 사람들을 살폈다. 또한 사무실 내의 동료들이 일하는 모습을 지켜보면서 앞으로 내가 해야 할 일이 저런 일이구나 생각했다. 그렇게 1년이 지나고 담당 과장이 비로소 내게 할 일을 말해주었다. 그리고 지난 1년이 그냥 1년이 아니었음을 저절로 알게 되었다. 일은 하지 않았지만 보고 듣고 배우는 시간이 그만큼 필요했던 것이다.

전공이 아닌 전산 분야를 지원했기에 모르는 것이 많았다. 전산 업무는 사용자가 원하는 것을 만드는 업무다. 그래서 사용자가 하는 일을 제대로 이해해야 프로그램을 잘 만들 수 있고, 때로는 사용자보다 더 많이 알아야 한다. 그래서인지 같은 부서 선배들이 책을 읽고 있는 모습을 쉽게 볼 수 있었고, 나 또한 관련 책을 읽으며 열심히 공부해야 했다. 현장 사람들보다 현장을 더 많이 알기 위해 공부할 수밖에 없었고, 그러다 보니 자연스레 공부가 습관이 되었다.

배우지 않은 업무를 해야겠다고 생각한 것은 분명 모험이었다. 그것이 잘한 일인지 아닌지는 지금도 판단할 수 없다. 그 외의 다른 길은 가보지 않았기 때문이다. 하지만 새로운 업무를 선택하고, 그 영역에서 모르는 것은 책을 통해 배우려 했던 일은 나에게 공부하는 좋은 습관을 갖게 했고 직장 생활 내내 나에게 큰 도움이 된 것만은 분명하다.

책 읽는 습관과 관련해서 기억나는 사람이 있다. 그때 전산실에서 기획 관련 부서장을 맡고 있었던 K 부장이다. 나와는 업무상 거리가 있어서 직접적인 관계는 없었기에 차 한잔 마셔본 일도 없던 인물이었다. 그가 특별했던 것은 어디에서나 늘 공부하는 모습을 보여주었다는 것이었다. 회사에서 퇴근 버스에 오를 때면 예외 없이 뭔가를 들고 있었다. 퇴근하는 동안에도 끊임없이 공부하는 것이었다. 그분의 삶의 자세와 공부에 대한 태도 덕분에 나는 살아가면서 늘 공부해야 함을 배웠고, 지금까지 공부를 게을리하지 않을 수 있었다. 물론 그런 태도 때문에 내 아래 직원들이 힘들어한다는 이야기도 많이 들었다. 그러나 다른 어떤 분야의 업무도 마찬가지겠으나 특히 변화가 빠른 IT 분야의 직무는 공부하지 않고서는 도저히 감당할 수 없다.

또 한 가지 더 배운 것은 회의 진행 요령이다. 회의 첫 순서로 먼저 오늘 논의할 주제를 명확하게 제시한다. 그런 다음 참석자들에게 그것과 관련된 의견을 말하도록 하고, 또 그 의견들을 정리하는 방식으로 공유했다. 회의를 마치고 나면 꼭 결론을 정리해서 참석자 모두가 내용을 파악하도록 했다. 그리고 논의된 사항을 수행할 사람과 그 결과를 어떻게 처리할까도 명확하게 했다. 그런 회의 진행 기술은 오랜 회사 생활에서 내게 요긴한 자산이 되었다.

직장에서는 어디에나 뛰어난 선배들이 있는 법이고, 후배들은 선배를 본보기 삼아 그들의 노하우를 자기 것으로 만들 필요가 있다.

차를 만들 때 컴퓨터는 무슨 일을?

대우자동차에서는 FA Factory Automation (공장자동화)를 채택해 수행했다. FA에 대해 얘기하려면 먼저 자동차 제작 과정을 간단하게나마 설명해야 한다. 자동차는 수만 개의 부품을 조립해 만든다. 자동차 생산은 언더바디라 부르는 밑판에서 시작된다. 이것을 만든 다음 여기에 자동차 식별번호Vehicle Identification Number, VIN를 처음으로 새긴다. 이것이 그 자동차가 폐차될 때까지 그 차의 고유한 번호로 남는다. 언더바디 위에 자동차 문을 달고, 엔진을 올릴 수 있는 프레임을 얹는다. 여기까지가 차체를 만드는 과정이다. 이 작업에 필요한 일이 용접이고, 자동차 공장에 있는 수많은 로봇은 주로 용접 작업을 한다.

차체가 완성되면 그다음으로 고객이 요구하는 색상을 입히는 작업이 이어진다. 먼저 차체에 붙은 불순물을 깨끗이 세척하고 그 위에 초벌칠을 한다. 그런 다음 고객이 원하는 색상을 칠한다. 페인트 작업을 완료하면 구동장치와 엔진을 설치한다. 마지막으로 차량에 시트와 에어컨 같은 내장재를 설치하면 자동차 조립 공정이 완료된다. 하지만 이것이 끝이 아니다. 이렇게 생산된 자동차에 바퀴를 구동하는 차축의 뒤틀림이 있는지 없는지 검사하고 조정한 다음, 인공으로 내리게 만든 비를 통과시켜 점검을 마치면 비로소 판매할 수 있는 차가 완성된다.

내가 담당했던 FA 작업은 자동차 생산 공정을 따라가며 생산에 필요한 정보를 제공하는 일이다. 작업자는 제공된 정보에 의해 관련된 작업을 수행한다. 고객마다 주문한 차량에 대한 요구는 가지각색이다. 고객의 복잡한 요구에 맞춰 생산하기 위해서는 정확한 정보 제공을 해줘야 한다. 하나의 공정에는 해당 작업을 위해서 필요한 정보가 반드시 있기 마련이다. FA에서는 다음 공정에서 필요한 생산 정보를 수집해서 제공한다. 이것이 제대로 이루어지지 않으면 자동차 생산 라인은 뒤죽박죽이 되고, 고객이 원하는 차가 제대로 만들어지지 못하거나 급기야는 공장이 멈출 수도 있다. 그래서 이 정보 제공은 반드시 정확하게 수행해야만 한다.

이 업무를 제대로 수행하려면 생산 공정을 세밀하고 완벽하게 이해해야 한다. 그리고 공정마다 요구하는 정보가 무엇인지를 정확하게 파악해야 한다. 또한 장비는 무한하게 사용할 수 있는 것이 아니기에 시간이 지나면 교체해야 한다. 장비 교체가 제때 이루어지지 않으면 장비에서 가끔 예상치 못한 오작동이 벌어진다. 이런 경우 잘못된 데이터가 발생하고 그 결과 작업 공정이 멈추는 상황이 발생한다.

어느 날 출근했는데 사무실에서 웅성거리는 소리가 들렸다. 평소와 다른 분위기임이 확실했다. 그때 자동차 공장은 24시간 생산 라인이 돌아가고 인력은 주야간 교대하는 방식이었는데, 그날 심야에 생산과 관련된 시스템에 문제가 발생해 공장이 멈춘 것이었다.

야간 당직자는 업무 담당자에게 연락했다. 담당자는 집에서 잠을 자다 말고 부랴부랴 택시를 타고 출근했다. 현장에서는 이렇게 새벽 찬바람을 맞으면서 출근하는 일이 가끔 있다. 자기가 개발한 프로그램이 작동을 제대로 하지 않거나 어떤 이유로 작업이 진행되지 않으면, 이튿날 생산 라인에 데이터를 제공할 수 없는 상황이 된다. 그러면 담당자는 언제라도 불려 와서 문제를 해결하지 않을 도리가 없다. 생산이 멈추면 회사에 손실이 발생하고 손실에 대한 책임이 문제가 되기 때문이다.

이런 사태를 예방하기 위해서는 반드시 테스트를 해봐야 한다. 테스트를 통해 장비들이 어떤 상황에서도 정확하게 작동할 수 있음을 확인해야 한다. 자동차 생산 공장은 소음과 이동하는 사람과 장비가 혼재한 열악한 환경이다. 테스트는 이러한 상황에서도 모두가 정상적으로 작동할 수 있는지를 확인한다. 그러기 위해서는 예상되는 상황뿐 아니라 예상할 수 없는 경우의 수까지 찾아가면서 철저히 확인해야 한다.

한번은 어떤 장비가 작동하도록 하고, 그 옆에서 매우 강력한 전동기를 억지로 돌려본 적도 있었다. 주변의 강력한 훼방에서도 시스템이 안정적으로 작동하는지를 확인하려 한 것이다. 그러다 보니 주변으로부터 너무 지나친 것은 아니냐 하는 핀잔을 듣기도 했다. 하지만 테스트를 정상적인 조건만으로 확인하고 끝낼 수는 없는 일이다.

그렇게 2년 동안 다양한 공정에 대한 작업을 수행했다. 일을 배우는 재미도 있었고, 현장과 IT를 결합하는 기초를 튼튼하게 할 수 있었던 시간이었다. 그러나 일을 너무 열심히 해서 그런지 몸에 이상이 생기고 허리가 아팠다. 급기야 종아리 마비 증상까지 오게 되었다. 40일 동안 물리 치료를 받아 허리는 나아졌지만, 더 무리하다가는 몸에 부담이 간다는 생각이 들었다. 그때 친구 하나가 K 신문사에서 사람을 뽑는데 생각이 있느냐고 타진해 왔다.

3. 방황하는 IT맨, 그래도 배움은 있었다

몸이 아픈 와중에 언론사, 그것도 내가 지닌 종교와 같이 믿음에 도움을 얻을 수도 있는 곳이라는 얘기에 솔깃해서 큰 고민 없이 이직을 결심했다. 그렇게 K 신문사에 출근해서 근무를 시작했다. 신문사에 입사하니 밖에서 생각했던 것과는 사정이 크게 달랐다. K 신문사에서는 토요일마다 재단의 모체가 되는 교회에 가서 J 목사의 설교를 들었다. 신문사의 높은 사람들 프로필을 보니 대부분 그 교회에 직분이 있거나 최소한 교적이라도 두고 있었다. 하지만 나는 그렇게까지 할 마음이 없었다.

　K 신문사에 입사 후 받은 직무는 광고 관리 시스템을 개발하고 운영하는 일이었다. 그때 신문사에서는 IT 업무 가운데 판매 관리 시스템

과 광고 관리 시스템이 가장 메인이었고 규모도 컸다. 내가 그중 하나를 맡은 셈이었다. 나는 처음에는 그 프로그램에 대해 잘 몰랐지만, 시스템 개발자가 시스템과 관련된 도큐먼트를 상세하게 잘 정리해 놓았기 때문에 큰 어려움은 없었다. 이 경험으로 인해 프로그램 개발 시 도큐먼트 정리의 중요성을 새삼스럽게 인식할 수 있었다. 프로그램을 만들면서 따로 문서로 정리하는 과정은 번거롭고 귀찮았지만, 뒷사람에게 인수인계를 정확하게 하기 위해서는 빼놓을 수 없는 일이다. 이는 귀찮다고 생략할 수 있는 일이 절대 아니다.

새로운 인연, 새로운 학습

K 신문사에서 만난 사람 가운데 K 과장이 가장 먼저 생각난다. 나보다 여섯 살 위로, 항공사와 증권사를 거쳐 이곳에 왔는데 증권사 출신이라 그런지 이재에 밝았다. 당시 경리 업무를 담당했지만, 그의 시스템 테스트에 대한 능력은 독보적이었다. 프로그래머들은 프로그램을 개발한 후에 사용자의 요구 사항에 적합하게 개발이 되었는지를 확인해야 한다. 이러한 테스트를 거쳐 잘못된 것을 찾아 수정해야 하는데, 이 작업을 디버깅이라고 한다. 프로그래머에게 개발 후 디버깅은 필수적인 작업이다. 이는 돈도 많이 들고 다른 작업에 영향을 줄 수 있기에 제약을 많이 받을

수밖에 없다.

그런데 항공사 프로그래머 출신인 K 과장은 보통 하는 것과는 다른 식으로 일했다. 그는 프로그램을 만든 뒤에 컴퓨터에서 바로 돌리는 것이 아니라, 도상 훈련을 먼저 했다. 도상 훈련을 해서 문제가 없을 것이란 확신이 서면, 그제야 컴퓨터에서 확인했다. 그래서 그가 테스트한 작업 결과는 컴퓨터 안에서도 정상으로 작동했다. 나도 문제가 있는 프로그램의 디버깅 작업에서 그의 도움을 받았다. 그는 프로그램을 종이에 메모하면서 한 줄 한 줄씩 확인했다. 그리고 30분 정도 지나 잘못된 부분을 정확하게 찾아냈다. 나는 그의 방식을 배우기 시작했고 그것을 내 기초 실력으로 만들 수 있었다. 세상 어디에나 실력자들이 있고 그들로부터 배울 게 있다. 다만 그것이 무엇인지 모르거나 알아도 배우려 하지 않으면 다른 사람에 뒤떨어질 따름이다.

K 신문사에서 그렇게 2년 가까이 지냈다. 근무 환경이나 급여는 만족스러웠지만, 이곳에 오래 있지 못할 것이라는 예감이 입사 초기부터 있었다. 일이나 사람 때문이 아니라 종교 때문이었다. 재단 모체 교회로 교적을 옮길 마음은 전혀 없었는데, 교적이 다르면 뭔가 불이익이 생길 것 같은 느낌이 들었다. 신문사의 기자들은 큰 영향이 없는 것 같았다. 하지만 기자직이 아닌 경우는 교적을 갖지 않으면 미래가 없다는 생각이 들었다. 무엇보다 매주 토요일을 그렇게 보내야 한다는 것이 마음을 무

겁게 했다. 결국 이직을 결심하고 새로운 회사를 찾아 떠났다.

프로젝트 관리자로 변신하다

다음으로 일했던 곳이 H 정보통신이란 회사였다. 마음이 K 신문사에서 멀어진 뒤로는 하루라도 빨리 떠나고 싶어 기회가 닿는 곳이면 어디라도 옮기려고 했다. 그렇게 가게 된 H 정보통신에는 대리로 입사했다. 급여는 많지 않지만 근무는 느슨했다. 대부분 대기업 그룹 자회사들이 그렇듯 매출의 대부분이 모회사인 K 항공과 관련된 일에서 나왔고, 그 나머지도 그룹 회사와의 거래였다. 그룹 관계사를 제외하면 다른 매출은 거의 없었다.

　그런데 입사한 뒤로 모기업 매출 외에 다른 매출을 만들어 보자는 회사의 방침에 따라 각 사업부는 새로운 시장을 찾아 나섰다. 그때 같은 사업 부서는 아니었지만 함께 일했던 사람 가운데 L 과장이 있었다. 그는 나와 비슷한 시기에 들어왔는데 컨설팅 회사 경력으로 나보다 높은 과장 직급을 받았다. L 과장은 외주를 위해 해운 업무에 대한 제안서를 거의 보름 동안 철야 작업해서 작성했다. 우리 모회사에는 계열사로 H 해운이 있었는데, 그런 업무 연관성과 놀라운 제안서로 결국 수주에 성공했다. 나는 정확하고 적절한 제안이 분명한 언어로 담긴 그의 제안서를 읽고 깜짝 놀랐다. 나는 그것이 '제안서란 이런 것'이라는 모범을 보여주었다고 생각한다. 직장 생활 초기에 나는 그에게서 진지하고 깊이 있게 일하는 자세와 분명한 언어 감각을 보았다.

내가 속한 사업 부서도 K 통신 콘텐츠 구축 사업 수주에 나섰다. 첫 번째 제안을 위해 사업부의 모든 사람이 다 참여해 작업했다. 그리고 우리가 수행했던 제안서 작업으로 결국 사업자로 선정되었다. 그 전에는 갑으로만 생활했던 내가 처음으로 을의 입장으로 작업했고, 그렇게 획득한 첫 성과였다. 우리가 외주 작업 사업자로 선정되어 비로소 대외 매출이 발생하게 되었고, 프로젝트가 진행되었다. 정해진 납품 기간을 맞추기 위해서 모두 열심히 일했는데, 그때 출력했던 문서만도 5,000페이지가 넘었던 기억이 있다.

당시 함께 일할 협력 업체를 선정해 같이 일하게 되었는데, 그들이 핵심 기능 몇을 주도적으로 개발했다. 나는 처음에는 프로그래머로 참여했지만, 얼마 뒤 프로그램 개발에서 손을 떼고 기획과 문서 정리 등 프로젝트의 전반적인 진행을 맡아 관리했다. 그때 내가 프로젝트 관리자로서 재능이 있다는 사실을 비로소 알게 되었다.

수주한 사업을 마무리하는 과정에서 함께 일하는 사람들의 여러 모습을 보았다. 탁월한 재능을 갖고 있는 사람도 있었고, 능력이 모자라 적당히 묻어가려는 사람도 있었다. 능력이 있는 사람은 자신이 맡은 일을 깔끔하게 처리하며 다른 사람까지 기꺼이 도우려 했다. 하지만 능력이 모자란 사람은 윗사람 시선만 신경을 썼다. 그리고 온갖 뜬소문과 가십이 생겨나는 근원지가 되기도 했다. 프로젝트를 마치기까지 어떤 동료들과 상사들은 책임감과는 거리가 있는 행동을 보이기도 했다.

첫 번째 외주 사업 이후 연이어 수주 작업이 이루어졌다. 처음에는 사업 부서의 인원이 모여서 함께 제안서를 작성했지만, 나중에는 사업별 담당자를 정해서 각자 제안서 작업을 했다. 공통적으로 받는 지원 외에는 혼자서 모든 문서를 만들어야 했다. 당시 제안서 작성은 대개 시간의 여유가 없이 진행되었다. 제안서를 쓰기 위해 야근은 보통이었고, 밤을 새워야 하는 날도 종종 있었다. 그렇게 바삐 마감에 맞춰 제안서를 인쇄하고 제출해야 했다.

또다시 직장을 옮기다

H 정보통신에 근무하면서 나 홀로 두 건의 제안서를 썼고 모두 수주에 성공했다. 이런 결과를 보여줬기에 사업부에서 실력을 인정받을 수 있었다. 그렇다고 해서 마냥 즐겁고 행복하지는 않았다. 회사에서 인정받을수록 늦게 퇴근하고 밤을 새워야 하는 경우가 늘어났다. 내 생활이 무너지고 있었다. 이를 되돌리기 위해서 이직을 생각하지 않을 수 없었다. 길

지 않은 시간에 벌써 세 번째 직장이었지만 아직은 젊을 때이니 다른 데에 도전할 수 있다고 혼자 생각하기도 했다. 내가 그만두려 한다는 소식을 듣고 담당 임원이 설득에 나서기도 했지만, 생활의 균형이 깨진 삶을 지속하고 싶지 않은 내 마음을 돌릴 수는 없었다.

　이직을 고민하던 때에 당시 IT 업계 3위였던 H 정보기술에서 사람을 찾는다는 소식을 듣게 되었다. 이직을 생각할 때마다 희한하게 제비처럼 소식을 물고 오는 사람이 있었는데, 이때도 역시 그랬다. 그쪽은 일이 깔끔해 보였으며 평소에 선망하던 금융 분야라서 더욱 마음이 끌렸다. 곧 H 정보기술에 지원해서 합격하고 H 화재보험 IT실로 발령을 받았다.

4. 새 직장에 입성하다

직장을 많이 옮기는 일은 자신에게나 남들 눈에 그다지 좋은 모습이 아니다. 자기 자신은 새로운 일과 사람에 매번 적응해야 하고, 서로 다른 직장 문화에도 맞춰야 한다. 또한 급여나 진급에서도 불이익이 있을 수 있다. 이전 직장에서 견디지 못할 일이 생겨서 이직하지만, 직장을 옮기는 일에 따른 스트레스도 여간이 아니다. H 정보기술에 입사한 다음 회사의 가장 중요한 고객인 H 화재보험의 관련 업무 담당자를 찾아가 인사했다. 그들은 내 경력을 듣더니 제조업 출신이 금융 업무에 잘 적응할 수 있을지 의문을 품었다.

새로운 직장에 입사하자마자 내 능력을 테스트받는 상황이 된 셈이었다. 그들은 나에게 여러 업무 가운데 가장 쉬운 업무를 맡겼다. 그리고 그 일을 얼마나 하나 지켜보자고 했던 것 같았다. 나는 그들이 원하는 바를 듣고 그동안 배우고 공부했던 것을 기초로 해결했다. 그들이 내 능력을 평가하는 데 사흘 걸렸다. 담당 과장은 나를 관리하는 실장을 찾아와 "너무 잘해 깜짝 놀랐다"라는 말로 더 이상의 의구심을 갖지 않겠다는 뜻을 표시했다고 한다. '보험회사'의 '보' 자도 모르고 입사한 채, 새로운 회사의 업무는 그렇게 시험을 치르는 것으로 시작되었다.

이직 후 5년 그리고 보험사로

입사 후 처음에 6개월짜리 프로젝트에 투입되었는데, 세 번이나 종료가 연기되면서 1년 반 동안 그 프로젝트만 하게 되었다. 이렇게 프로젝트를 거듭 연장하게 된 것은 처음에는 쉬운 것을 주문하고 지켜봤던 사람들이 시간이 지날수록 어렵고 힘든 업무까지 프로젝트에 포함시켜 해달라는 요구를 했기 때문이다. 프로젝트가 거의 끝나가는 시점에서는 가장 어렵다는 보험금 지급 업무에서 발생한 문제까지 해결해 달라고 했다. 이 프로젝트가 끝난 이후 나의 보직은 프로그래머에서 기획자로 완전히 탈바꿈했다. H 정보통신에 1995년 입사해서 2000년에 H 화재보험으로 옮기기까지 5년 동안 이곳에서 일했다.

H 화재보험으로 이직하게 된 사정은 이랬다. 어느 날엔가 울산행 비행기 안에서 H 화재보험의 CIO^{Chief Information Officer}(최고정보책임자)와 내가 근무하는 H 정보기술의 경영관리 담당 임원이 이듬해의 시스템 운영과 관련한 비용 문제로 협상을 하고 있었다. H 정보기술에서는 매년 H 화재보험에 비용을 청구하는데, 그 규모에 서로 차이가 있기에 협상에 시간이 꽤 걸린다. 그때도 예외는 아니었다. 그런데 그때 내가 협상 조건의 중요한 하나로 들어갔던 것이다. 시스템 운영 비용을 원하는 대로 해줄 테니 당신 회사의 김 아무개를 자기 회사로 보내라는 요구를 했다고 한다. 갑이 원하는데 고객사의 요구를 거절하는 일은 쉽지 않은 일이다. 더구나 H 화재보험의 CIO는 당시 최고경영자의 친구이기도 했으니 더 긴장했을지도 몰랐다. 그렇게 나의 이직은 프로 운동선수의 트레이드처럼 본인의 의지와는 상관없이 결정되었다.

그런데 왜 나는 협상 테이블에 올라갔던 것일까? H 화재보험의 IT 업무는 정보시스템부에서 담당했고 부서의 인력은 25명 전후였다. 원래 있던 인력 전체를 그룹 IT 통합 방침에 따라 모두 IT 담당 회사로 전출시키고, 내부에는 기획만 담당하는 필수 인력만 남긴 상태였다. 게다가 해가 지나면서 퇴사자가 생겼고 일할 수 있는 사람이 더 줄었다. 이제는 새롭게 일할 수 있는 사람이 필요했다. 특히 IT 전략과 관련해서 기획, 중장기 계획을 만들 수 있는 사람이 필요했다. CIO는 사람을 찾다가 당시 IT

실에 있는 나를 발견한 모양이었다.

　정보시스템부에 있는 사람 중에 나와 함께 일을 했던 사람이 있었다. 그는 내가 IT 기획, IT 전략과 관련된 업무를 어떻게 처리하는지를 알고 있었다. 그가 보기에 내가 일하는 방식은 여태까지 그 자신이 보거나 경험하지 못했던 다른 것이었다. 큰 틀에서 나는 컨설턴트가 일하는 방식을 배우고자 했으며, 그 사람들과 같은 방식으로 일을 하고자 했다. 그러니 달라 보일 수밖에 없었을 것이다.

　나는 꽤 오래전부터 컨설팅에 관심을 가졌고 마침 기회가 생겨서 교육받을 수 있었다. 그래서 IT를 하더라도 기술에만 매몰되지 말고 경영자의 관점에서 업무를 바라봐야 한다는 점을 깨닫게 되었다. 나는 IT와 경영이 따로 있는 것이 아니라고 생각했다. 그래서 경영전략에 관심을 두고 IT가 어떻게 기여할 수 있는지를 고민했다. 스스로 무엇이 되고자 의식하지는 않았지만, 독서를 통해 통합적 관점을 갖고자 노력하고 있을 때였다. 그런 내 모습이 아마도 그에게 그렇게 특별하게 보였을 것이었다.

　한편 H 정보기술 사람들은 내가 가야 하는 이유를 알지 못했다. 내 거취 문제 때문에 당장 조직에서 불만의 소리가 나왔다. 아무리 사람이 없다고 해도 그럴 수 있느냐는 것이었다. 가장 반대가 심했던 사람은 내가 옮겨 가고 나서 얼마 있지 않아 출근하자마자 내가 어디 갔느냐고 찾았다고 한다. 그랬던 사람이 또 훗날 나를 비난하는 선봉에 섰으니 세상 사는 복잡하고 어렵다. 그렇게 내 뜻과 상관없이 진행된 이직은 초반부터 순조롭지 못했다.

보험맨이 되다

2000년 2월 1일 H 화재보험에 과장으로 입사해서 퇴직하기까지 22년 동안 이곳에서 직장 생활을 했다. 처음 맡은 일은 IT 기획이었다. 누군지도 모르는 새 사람이 와서 기획 업무를 한다고 하니 시선이 곱지 않았다. 결국 한 달 만에 사직서를 써야 하는 상황에 이르고 말았다. 나를 반기지도 않고 필요로 하지도 않는 것 같은 조직에 내가 있을 이유가 없었다. 그사이 나를 데려왔던 CIO마저 회사의 권력 싸움에 밀려 퇴사했다. 회사 안의 응원군은 하나도 없던 형국이었다. 급기야 나는 다른 외국계 회사에 면접까지 보고 출근하는 날짜까지 협의를 마쳐놓은 상태였다.

그런데 나를 내쫓으려 선동하던 부장이 어느 날 갑자기 나를 붙잡겠다고 180도 태도를 바꿨다. 이미 회사를 나갈 준비가 다 되었던 나는 어리둥절할 수밖에 없었다. 누군가 내가 꼭 필요한 사람이라는 충언을 했다는 얘기도 들리긴 했다. 그런데 그 조직 안에는 나를 아는 사람이 없는데 그럴 수 있을까 짐작조차 하기 어려웠다. 나중에 들으니 그는 내가 읽는 책과 하는 말을 유심히 관찰했다고 한다. 자신이 원하는 일을 할 수 있도록 도와줄 수 있는 사람이라고 평가했다는 것이다.

그때 그의 태도 변화에 대한 내 추측은 이랬다. 전임 임원이 쫓겨났으니 이제 부장은 자신이 책임자가 될 것으로 예상했고, 그런 상황에서 자기가 봐도 휘하에 일할 사람이 마땅치 않았을 것이다. 내 소문은 익히 들어서 알고는 있었지만, 자기 상사가 나를 쓰려고 채용한 게 마음에 들지 않았을 수도 있었다. 그런데 그 상사는 떠나고 나는 당당하게 사직서를 들고 왔으니 난감했을 것이다. 더구나 나는 당시 회사 CFO를 맡고 있던 임원의 대학 후배인데, 부장 자신이 핍박해서 회사를 그만두게 했다는 말은 듣고 싶지 않았을 수도 있다. 나는 그만두겠다고 고집하다 결국 CFO에게까지 불려 갔다. 그 선배에게 호통을 듣고 결국 주저앉을 수밖에 없었다.

그 부장에게는 동생처럼 여기며 같이 근무했던 직원이 있었다. 그는 당시에는 해외 주재원으로 근무하고 있었다. 그런데 주재원이 되어 인맥은 넓어졌을지 몰라도 현업을 떠났다는 것은 업무에서는 멀어졌다는 뜻이다. 만일 주재원 업무에 익숙해졌다면 다시금 현업에 집중하기는 쉽지 않다. 부장은 늘 그 직원을 후임자로 생각하고 있다고 말하곤 했다. 그랬던 그가 당연하게 여기던 일에 대해 갈등했다. 나를 적당하게 써먹고 쫓아내고 싶은데, 어려운 일과 필요한 일을 하는 사람이니 무시하기도 어려웠을 것이다.

퇴사를 접게 되고 나서 다시 매일 출근하면 부장에게 불려 가 몇 시간이고 붙잡혀 그와 회의를 해야 했다. 그는 늘 앞으로 무엇을 해야 하느냐, 조직은 어떻게 만들어야 하느냐 등을 물었다. 이것저것 의견을 묻고 또 자신이 윗사람에게 지시받은 업무 처리를 부탁하기도 했다. 나는 그의 머리와 손발이 되어 아무런 잡음이 나지 않게 모든 일을 처리했다. 해결사 역할이 나의 주된 임무였다. 지시했던 윗사람은 잡음 없는 일 처리에 신기해했다고 들었다. 그가 좋은 평가를 받고 임원으로 승진하기까지는 그런 나의 뒷받침도 도움이 되었을 것으로 생각되기도 한다.

변화하는 시대에 맞는 시스템

그 기간에 기억에 남는 일은 2003년 하반기 정보전략 계획을 수립하는 프로젝트를 시작한 것이었다. 프로젝트의 목표는 변화하는 시대를 통찰하고 변화를 수용할 수 있는 적합한 시스템을 새롭게 만들어 가기 위한 5개년 계획을 수립하는 것이었다. 역량 있는 컨설팅 업체를 선정하기 위해 노력하는 한편, 업체가 선정되기 전에 하나의 작업을 마치고자 했다. 자체적으로 컨설팅 프로세스를 운영하면서, 그 과정에서 향후 회사가 추진해야 할 과제를 사전에 발굴하는 것이었다. 그것은 컨설팅을 수행하게 되면 당연히 하는 일이었지만, 문제는 그런 방식으로 진행하다 보면 찾아낸 과제를 상세하게 정리해야 하는 정말 중요한 작업에 투입할 시간이 부족하게 되어 부실하게 끝날 수 있다는 것이다. 그러한 문제가 생기지 않게 하려고 자체적으로 과제를 찾아놓고 컨설턴트가 들어오면 그 과제 해결을 요청하기로 했다. 컨설팅 수행 과정에서 찾은 과제와 우리가 준비한 과제를 모아 해결하도록 그에게 요청했다. 컨설턴트는 이런 방식을 힘들어했지만 그대로 밀어붙였다. 나는 일반적인 방식으로 일하고 싶지는 않았다. 과제로 선정된 것들에 대해서는 회사에서 곧바로 사용할 수 있는 수준으로 결과물을 만들어 달라고 요청했다. 그렇게 그들과 함께한 노력의 결과로 괜찮은 결과물을 만들 수 있었다.

우리는 컨설팅 결과를 종합해 새로운 IT 업무의 방향을 정했다. 변화하는 새로운 업무 요구를 수용하기 어려웠던 메인프레임 사용을 중단하고 유닉스 환경으로 전환하기로 했다. 그리고 시스템을 바꾸기 전에 먼저 회사 전체적으로 업무 프로세스를 정비하는 작업을 시작하기로 했다.

이 모든 일을 위해 차세대 시스템 구축 프로젝트를 위한 준비 활동을 시작했다. 프로젝트를 수행하면 당연히 진행되었을 일을 먼저 자체적으로 준비하기로 했다. 그렇게 하면 주도적으로 프로젝트를 수행할 수 있고 비용과 일정도 단축할 수 있을 것이라 예상했다.

준비 팀을 구성하기 위해 필요한 인력의 명단을 작성해서 CIO에게 가져갔다. 해당 업무 분야에 최고의 인력만을 선별해 명단을 작성했기 때문에 강력한 반발을 예상했다. 예상대로 가장 좋은 인력을 달라고 하니 좋아할 관리자는 아무도 없었다. 그런데 CIO는 그 명단을 보고 그대로 인정하며 인력을 지원하라고 관련된 관리자들에게 지시했다. 불평하는 사람들에게는 이렇게 이야기했다. "일인자가 버티고 있으면 다음 사람이 크지를 못합니다. 그 사람이 다른 일을 해주어야 다음 사람이 성장할 수 있습니다." CIO가 그렇게 자신의 결심을 이야기한 후로는 아무런 불평이 없었다.

그러고 나서야 내 계획대로 실력 있는 인원과 함께 차세대 시스템에 도입될 각종 서버, 네트워크, 소프트웨어와 솔루션 등을 검토할 수 있었다. 최우선으로 선정할 것과 차선으로 택할 것들에 대해서 검토하고 결과를 문서로 작성했다. 회사에서 필요한 것을 사전에 정리해 놓은 것이다. 우리는 외부 업체들에게 특정한 회사의 제품을 사용하도록 강요하지는 않았다. 다만 회사에 필요한 최우선 제품과 차선으로 선택할 수 있는 제품을 선정했기 때문에 그 범위를 벗어난 제품들에 대해서는 외부 업체들과 협의 과정에서 조정하기로 했다. 그렇게 준비를 마치고 차세대 시스템 구축을 위한 프로젝트를 시작할 수 있게 되었다.

부장 승진의 벽

나는 한동안 회사에서 차장까지는 무난하게 승진하며 제 역할을 할 수 있었다. 당시 회사 인사에는 한 가지 법칙이 있었다. 현직에 부장이 있으면 그 아랫사람이 아무리 평가가 좋아도 부장 승진을 하지 못한다. 나는 부장 승진을 해야 할 때 고과에서 전체 승진 대상자 가운데 1등을 했다. 고과 성적으로 보면 당연히 부장으로 승진해야 했지만 현직 부장이 버티고 있어 어쩔 수 없이 승진에서 누락되었다. 그리고 6개월이 지나 부장 보직을 받았고, 이듬해 인사 때 비로소 부장으로 승진할 수 있었다.

당시 실무자로서 내가 했던 일은 앞서가는 회사를 만드는 것이었다. 특히 IT 업무에서 업계 최고의 회사로 만들고자 하는 것이 목표였다. 날마다 어떻게 하면 앞서가는 회사를 만들 수 있을까를 골몰하고 있었다. 늘 새로운 것을 생각하고 만들고자 했다. 새로운 프로세스와 제도를 만들었다. 회사에서 처음으로 IT 전략 컨설팅을 수행해 미래 시스템 방향에 대한 큰 그림을 그렸다. 이런저런 문제나 해결해야 할 일들이 생기면 대부분 내 몫이었다. 나는 조용한 일 처리를 신조로 삼았다. 그래서 어떤 일이 해결되어도 윗사람 한두 사람 정도만 알고 지나가는 게 대부분이었다.

5. 부장으로 살아가기

나는 2006년부터 부장으로 직무를 수행하기 시작했다. 이제 한 부서를 이끌게 되자 실무를 하던 때와는 달라졌다. 부장 위에 임원이 있었지만 다양하게 발생하는 여러 사안에 대해서는 임원이 책임질 일은 많아 보이지 않았다. 반면 부장은 어떤 일이라도 문제없이 다 해결하고 책임지는 자리 같았다. 부장이 일을 해결하지 못하면 무능하다고 생각했다. 부장의 자리는 임원으로 승진하거나 아니면 직장을 그만두어야 하는 자리처럼 보였다. 만일 일 때문에 책임져야 하는 상황이 생기면 그때는 오롯이 부장이 다 감당해야 했다.

　부장 업무는 바빴다. 이런저런 회의도 많았다. 상급 임원들과의 회의도 있고, 부서 안에서도 회의를 주재해야 했다. 회사 밖의 회의도 있고 만나야 할 사람도 많았다. 또 방문해야 할 현장도 있었다. 그렇게 돌아다니다 지쳐 자리로 돌아오면 이미 퇴근 시간이 지나 있을 때가 많았다. 책상 위에는 결재를 기다리는 서류들이 수북하게 쌓여 있었다. 부장이 되면서 다짐했던 한 가지는 결재해야 할 사안을 미루지 않고 빨리 처리하겠다는 것이었다. 그래야만 실무자가 시간을 빼앗기지 않기 때문이다. 그렇게 결재를 마치고 나면 9시 무렵이 되었다.

초보 부장의 좌충우돌

처음 부장이 되었을 때는 어떻게 해야 하는지를 알지 못했다. 당시 CIO는 나에게 이제 부장이 되었으니 강력한 인사권으로 직원들을 잘 관리하면 된다고 격려했다. 나 역시 이전과는 다른 자세와 태도를 보이는 직원들을 의식하기 시작했다. 부장 생활이 1년 차를 지나면서 직원들에 대한 문제의식을 느끼기 시작했다. 당시 나는 회사를 여러 번 이직했던 경력이 있었고, 이직 과정에서 새로운 곳에 채용되기 위해서는 경쟁력이 있어야 한다는 사실을 알고 있었다.

나는 밑에 있는 직원들 하나하나가 실력 경쟁이 그야말로 치열한 현실 시장으로 바로 나가더라도, 또한 지금 소속된 회사의 보호막이 없는 상태라도 자기 실력과 몸값을 충분하게 인정받을 수 있는 직원으로 성장해야 한다는 마음이었다. 그로 인해 직원들에게 처음에는 나쁜 평판을 들을지언정 나중에 가서 좋은 평판으로 정리되면 괜찮을 것이라고 여겼다. 그저 내 마음이 좋은 마음이니 직원들도 그렇게 알아줄 것이라는 생각이었다. 어떤 직원에게는 과중하게 업무 부담을 주었다. 어떤 직원에게는 자존심을 긁는 막말로 직무에 몰입하도록 자극했다. 자기 자신을 위해서라도 열심히 일하기를 바라는 마음이었다.

하지만 직원들 생각은 달랐다. 특히 가장 협조적이어야 할 팀장들의 방관과 비협조는 나를 더욱 힘들게 했다. 모두 다 그렇지는 않았지만, 성장 동기가 부족한 사람들에게 높은 수준을 제시하며 강요하는 부장이 무척이나 부담스러웠을 것이다. 그런 직원을 겪으면서 조직에서 모든 사람이 지도자가 될 수는 없다는 사실을 절감했다. 내가 다 알지 못하는 직원들의 세계가 있었다. 초보 부장의 좌충우돌하는 시간이었다.

부장이 되고 나서 전부터 있었던 문제가 더 골이 깊어져 피곤하기도 했다. 전임 CIO가 퇴임하고 내 위에 있던 부장이 임원으로 승진했다. 나는 부장이 되었기에 이제는 서로 신경 쓸 일이 없으리라 짐작했다. 하지만 큰 오산이었다. 그는 내가 부장이 된 날부터 나를 견제하기 시작했다. 이전에 그가 원하던 일들을 내가 해결하고 처리해 줄 때와는 완전히 다른 모습을 보였다.

어느 날 임원 회의 자료를 읽고 있었다. 회의 자료 작성은 내가 하고 검토 후 승인은 임원이 하는 것이므로 내가 자료를 읽는 건 전혀 문제가 될 이유가 없었다. 나는 정보시스템부장이기 때문에 시스템과 관련해 전사적으로 어떤 요구가 있는지를 늘 파악해야 했다. 그러기 위해서 반드시 챙겨서 봐야 하는 자료가 임원 회의와 부장 회의 자료였다. 하지만 그는 회의 자료를 읽는 나를 보며 '네가 뭔데 그걸 읽느냐' 하는 식으로 반응했다. 임원으로서 부장에게 당연히 알려주어야 할 것을 말해주지 않는 일도 있었다. 어쩌면 내가 정말 실수하기를 바라는 게 아닐까 생각될 정도였다.

그는 사람들을 만나 사귀고 윗사람에게 친근하게 행동하는 것에 능했다. 업무 능력은 모자랄지언정 정치에는 밝았다. 그것은 사회생활에서 능력이라면 능력이다. 실제로 그런 장점으로 곤란한 일 처리에 도움을 주는 것도 여러 번 봤다. 나에게 없는 능력이니 한편으로 부럽기도 했다. 나중에 임원이 되었을 때는 정말 그런 능력이 부러웠다. 일 못지않게 인간관계를 능수능란하게 처리하는 능력은 지위가 높을수록 더욱 필요하다.

그에게는 나 말고 부장으로 삼길 원했던 사람이 따로 있었다. 그런데 그렇게 되지 않고 내가 부장이 되어버려서 온갖 수를 써서 나를 쫓아내려고 했던 것 같았다. 나는 전부터 그런 상황이란 사실을 알았기에 이제 조직을 떠나야 하지 않을까 하는 생각을 꽤 했다. 하지만 이미 부장이 되어 나이도 많고 경력으로도 갈 수 있는 다른 곳을 찾기 어려웠다. 나를 내쫓고 내 자리를 차지하려는 또 다른 한 그룹의 사람들에게 시달리는 나날이 계속되어 피곤했다.

이래저래 사람들에게 시달리며 좌충우돌했던 초보 부장 시절을 이해해 주는 사람은 거의 없었고, 누구도 필요한 조언을 해주지 않았다. 다만 내가 부장으로서 했던 행동은 결코 나쁜 동기에서 나온 것이 아니라 회사를 위하는 마음에서였다는 것에 스스로 위로를 삼았다. 그렇지만 나를 잘 모르는 사람이거나, 또는 잘 아는 사람일지라도 어떤 상황에서는 그렇게 생각하지 않았을 것이다. 융통성 없는 부장 때문에 회사의 인화를 망쳤다고 말하면서 무던히도 나를 공격하는 소재로 삼았다는 것을 나 역시 알고 있었다.

외롭고 고달픈 부장 시절

나는 체질적으로 업무 수행과 일 처리에 있어서 자신을 드러내고 생색 내는 것을 싫어했다. 업무를 들여다보면 크게 두 종류가 있다. 한 가지는 당장 실행해서 보고하고 인정과 칭찬을 받을 수 있는 업무이고, 또 다른 하나는 몇 년 앞을 내다보고 지금 누군가 꼭 해놓아야만 하는 일이다. 후자는 눈에 잘 드러나지 않아 생색도 나지 않고 알아주는 사람도 없다. 그렇지만 나는 늘 그런 일에 힘과 노력을 쏟았다. 내가 보기에 앞날을 생각해서 꼭 지금 미리 해놔야 하는 일인데 그렇게 안 된 일들이 보였다. 내가 고고하고 고매한 인격의 사람이라 그런 것은 아니었다. 내가 일해온 환경과 겪었던 훈련 때문에 그런 사람이 되었다고 할 수 있다.

부장이 된 초기에는 신이 나서 피곤한 줄 몰랐지만 시간이 흐르면서 갈등이 지속되자 하루하루가 피곤하고 고달프다는 생각을 자주 했다. 이 시기가 나에게는 그동안의 직장 생활 가운데 가장 괴로웠던 시간이었다. 한편 부장으로서 상사인 임원에게 책임이 돌아가게 하는 순간 나의 직장 생활은 끝이라는 생각이 들었다. 서운한 마음이 들기도 했고 몸도 마음도 고달프고 힘들었지만 부장이라는 직책을 감당하는 것은 숙명이라고 생각했다.

그리고 부장이 된 지 2년 정도 지난 어느 날 갑자기 '임원이 되면 실무는 더 이상 하지 않아도 되고 이렇게 고달픈 시간은 보내지 않아도 되겠지' 하는 생각이 들었다. 곁에서 늘 보던 임원의 생활은 여유가 있었다. 나도 임원이 되어보고 싶다는 생각이 처음으로 확실하게 자리를 잡았다. 그런데 회사를 위해 임원이 되어 더 큰일을 해보겠다는 생각도 없었고 좋은 책상에 앉거나 좋은 차 타고 사람들의 의전을 받고자 하는 마음도 없었다. 다만 그저 좀 편안하게 생각을 더 많이 하면서 여유롭게 지내고 싶었던 게 전부였다.

고단했던 부장 시절을 돌아보니 어렵게 해결해야 했던 사건 하나가 기억난다. 말도 안 되는 엄청난 금액을 요구하는 외부 업체들과 씨름해야 했던 일이었다. 당시 실무자들은 업무 수행을 위해 필요한 소프트웨어를 정식으로 구매해 사용하기보다 임의로 사용하는 일이 있었다. 해당 소프트웨어를 제작한 회사에서 공개적으로 문제를 제기하면 그때 가서야 대응했고, 가끔 관련 뉴스들이 언론에 보도가 되곤 했었다. 회사는 이런 상황을 잘 이해하고 있었고 최고경영자는 소프트웨어 사용에 있어 불법적인 사용이 없도록 하라는 명확한 지시를 했었다. 회사에서 이에 대해 명확히 대응하고 내부적으로 불법 소프트웨어 사용 여부를 정기적으로 점검하고 있었다.

이런 회사 방침이 외부에 제대로 잘 전달되지 못해 그랬는지 몰라도 어느 날 한 장의 문서를 받게 되었다. 내용은 불법적으로 사용한 소프트웨어 사용 금액 30억을 정산해 달라는 요구였다. 회사로 봐서는 큰 문제가 될 수도 있었기에 크게 긴장했다. 이 문제를 잘 해결하지 못하면 내 부장 생활도 여기서 끝날 수 있겠다는 생각이 들었다. 관련 실무자에게 대응을 맡기고 나는 한발 뒤에서 해결 과정을 지켜보고 싶었다. 하지만 금액이 너무 컸고 이런 문제일수록 신속하게 해결해야 할 것 같았다.

늦은 밤 직원들이 다 퇴근한 사무실에 혼자 앉아 이 문제를 어떻게 해결해야 할까 고민하며 시간을 보냈다. 부장이라는 자리는 정말 고되고 피곤한 자리라는 생각이 들었다. 결국 사안을 자세히 살펴보고 전후 이력을 확인하는 과정에서 해결의 실마리를 찾았다. 여태까지 무료로 사용하는 것에 이의를 제기하지 않았던 일부 업체들도 이전 사용분까지 포함해 돈을 달라고 요구했다. 계속 사용해야 하는 소프트웨어였으므로 업체를 갑의 힘으로 윽박지를 수만은 없었다. 부당한 요구는 과감하게 무시하고 정당한 요구로 판단된 것들에 대해서는 최대한 협상을 했다. 최소한의 비용으로 문제없이 처리되도록 조처했다.

나는 이 문제를 실무자들에게 말하지 않았다. 그들에게는 단지 관련 사안에 대해 다음 계약을 할 때 어떻게 처리하라는 간단한 지시만 했을 뿐이다. 실무자들은 내가 며칠 사이에 어떤 일을 겪었고 무엇을 했는지 알지 못했다. 내가 처리한 이 방법이 최선이라고 말할 수는 없었다. 하지만 부장으로서 책임을 지고 나서서 해결해야 할 일이라는 생각은 했다.

부장으로서 살아가는 것은 외로운 시간이었다. 자신의 역할을 다하는 직원을 바라보면 위로가 되었지만, 부서 직원 모두가 부장의 마음과 같을 수는 없었다. 부장은 부장으로서 감당해야 하는 책임이 있었던 것이고, 그것은 직원들에게 이해받을 수 있는 영역의 것이 아니었다.

자회사 시절의 인생 공부

2010년 7월, 회사로부터 IT를 주업으로 하는 자회사로 옮겨 가라는 지시를 받았다. 기존에 수행하던 기획 업무를 그대로 가져가서 수행하라고 했다. 업무는 달라지는 것이 없었지만 소속이 달라지는 일이었다. 당시 자회사 이직을 권유받았던 직원들은 고심했다. 일부 직원은 일보다는 소속이 달라지는 것을 더 두려워했다. 어떤 직원은 자신의 전문적인 일을 내려놓고 다른 일을 하겠다며 자회사 이직을 꺼렸다.

결국 일부 직원들은 자회사 이직을 거부했다. 그들 가운데 한 명은 "지금 부장이 있는 한 자회사로는 절대 가지 않겠다"라고 말했다고 들었다. 몇 명의 직원은 본사에 남게 되었는데, 그 직원들 중에는 직전까지 상사였던 나에게 '네가 뭔데' 하는 태도를 보인 사람까지 있었다. 함께 있다 떠나게 되어 아쉽다고 밥을 사준 동료도 있었지만 대부분은 연락이 없었다. 전에는 귀찮을 정도로 만나고 싶다고 자주 연락했던 사람들 중 어느 누구도 연락하지 않았다. 나는 세상의 인심과 달라진 사람들의 태도에 상처받았다.

자회사로 옮겨 가면서 사람들의 달라진 태도를 여럿 볼 수 있었다. 또 새로 옮겨 간 직장에서는 내 자리를 차지하기 위해 노력하는 몇몇 사람들이 보였다. 그동안 소문으로 들었던 일들의 실체를 보게 되었다. 정보시스템부장이라는 자리가 그렇게 여러 사람의 부러움과 시샘의 자리였다는 사실을 새삼스레 알게 되었다.

2010년부터 2013년까지를 자회사에서 생활했다. 그리 길지 않은 시간이었지만 책으로 써내면 몇 권이 될 만큼 여러 일들을 겪었다. 이런 세태 파악이란 걸 공부라 치더라도 내가 군이 할 필요가 있었을까 하는 생각도 들었지만, 자회사의 현실을 알게 된 것은 의미가 있었다. 그래서 본사로 복귀한 뒤 어떤 사업을 위한 결재 서류를 대할 때 내가 하는 질문이 하나 더 생겼다. 나에게 누가 새로운 사업 추진 계획을 갖고 결재를 받으러 왔을 때 '이 사업과 관련해 자회사는 어떤 역할을 하고 있으며 무엇을 준비했는지'를 질문했다. 가능한 한 자회사가 성장할 기회를 찾아 주려고 노력했다.

2013년 9월 다시 본사로 발령이 났다. 당시 금융감독원에서 IT 인력을 전체 인력 대비 일정한 비율을 유지하도록 했던 조처 때문이었다. 당시 회사는 그러한 조처가 없더라도 회사의 안전을 위한 대책을 다른 어느 회사보다 충실하게 세워 수행하고 있었기 때문에 그럴 필요까지는 없었다. 하지만 금융권에서의 안정적 시스템 운영이 중요하다는 사실에 공감했기에 이를 수용했다.

다시 돌아와 보안을 공부하다

본사로 돌아와서 정보보호부장의 보직을 맡았다. 복귀 전에 이미 같이 일할 직원들의 채용은 끝나 있었다. 대부분 새로 뽑은 경력 사원, 대리급으로 구성되어 있었다. 나아가 이미 그들의 직무 배치까지 마친 상황이었다. 직원들의 경력을 중심으로 살펴보면서 그들이 가지고 있는 역량과 잘할 수 있는 것이 무엇인지 알고자 했다. 전임자의 업무를 판단하거나 불평하지 않으려 노력했다. 직원들은 걱정했던 것보다는 성실했고 자기 역할을 충실하게 해주었다.

문제는 나에게 있었다. 보안과 관련된 업무를 팀장 시절에 맡은 적은 있었지만 실무를 깊이 하지는 않았다. 실무를 잘하는 직원이 있었기 때문에 그에게 거의 맡겨놓았었다. 그랬기 때문에 나는 다시 보안에 관한 공부를 해야 했다. 보안은 아는 만큼 대응할 수 있고 지킬 수 있다. 어린 직원들로 구성된 상황에서 부장이라고 관리만 하고 있을 수는 없었다. '이 정도면 안심할 수 있다고 인정할 수 있는 수준에 이르는 날이 과연 올까' 싶을 정도로 막막했다. 그 수준에 도달할 수 있는 유일한 방법은 나 스스로 공부하면서 대응하는 것이었다. 제대로 다 알지 못하는 상황에서 업무를 감당해야 한다는 긴장감은 새벽에 가장 먼저 사무실에 출근하도록 만들었다.

근무 시간에는 공부하면서 업무를 수행했고 퇴근 후에는 직원들과 어울리기 위해서 노력했다. 직원들이 사는 곳을 물었고 사는 지역을 중심으로 모임을 만들고 정기적으로 모였다. 모일 수 있는 핑계가 있으면 이를 적극 이용해 모였고, 그러면서 여러 가지 이야기를 나눴다. 직원들이 부장과 시간 보내는 것을 좋아하지는 않았겠지만, 나는 직원들에 대해서 자세히 알고 싶었고 인간적으로도 가까워지고 싶었다. 직원들과의 그러한 돈독한 관계를 토대로 그들과 함께 수준 높은 보안 체계를 만들어 가고 싶었다. 하루하루 성실하게 최선을 다하는 것 이외에 다른 방법이 없었다.

그렇게 힘들게 하루하루 지내던 어느 날 사장님에게 업무 관련 보고를 해야 할 일이 있었다. 보고가 끝나가는 시점에 대뜸 "김 부장, 당신은 윗사람하고도 부딪치고 옆 사람과도 부딪치고 아랫사람과도 부딪친다는 말이 있던데, 이를 어떻게 생각하나?" 하고 물으셨다. 악의 가득한 모함이었다. 나는 언제까지 이런 말들에 시달려야 하는지 생각하면 가슴이 답답했다. 나는 웃으면서 "제가 그 정도였으면 부장 자리까지 올 수나 있었을까요?" 하고 말씀드렸다. 사장님은 나에 대해 들려왔던 여러 가지 이야기들에 대해 당사자로서 해명할 기회를 준 것이었다. 내 생각을 다 말하고 나자 마음이 후련했다. 앞으로 더 위로 승진하지 못한다고 해도 괜찮다고 생각했다. 당시 회사는 외부에서 새로운 임원 후보를 찾아 면접까지 마쳐놓은 상황이라는 이야기를 들었기 때문에 임원 승진은 기대하기 어려웠다.

그렇게 본사와 자회사를 거치며 두 번의 부장을 하던 가운데 2014년 말 임원이 되었다. 아마도 악의로 가득한 모함과 내가 했던 이야기 중에서 사장님이 진실을 발견할 수 있었기 때문이 아니었을까 짐작은 했지만 확인하지는 않았다. 임원 승진 소식을 듣고 지난 시간과 겪었던 여러 일들이 떠올랐다. 그 가운데에서도 최선을 다해 직무를 수행했던 직원들 생각이 났다. 그들이 아니었으면 내 부장 시절은 상상하기 힘들 정도로 어려웠을 것이다. 이제는 어떻게 해서든지 나를 끌어내리려 험담과 모함을 일삼았던 사람들과 결별할 수 있었다.

2장

보안 담당 임원이 되다

1. CISO가 되었다

나는 처음 보안 담당으로 임원이 되었다. 회사 경력 대부분을 IT 기획 분야에서 일했으며, 보안 업무도 했으니 보안 책임자로 임명된 것은 자연스러운 일이었다. 회사의 보안 책임자인 CISO^Chief Information Security Officer(정보보호 최고책임자)는 회사의 IT 업무와 관련된 보안을 책임지는 자리다. CISO의 직무는 보안과 관련된 업무만을 독립적으로 수행하고 다른 업무는 겸직하지 않도록 규정되어 있다. 전자금융거래법에 CISO는 반드시 임원으로 임명해야 함을 명시하고 있다. 금융거래가 대부분 IT에서 이루어지는 보험회사는 당연히 이를 따라야 한다.

초기의 CISO는 존재감이 크지 않은 임원이었다. 다른 회사 얘기를 들어봐도 크게 다를 것이 없었다. 그러나 CISO의 존재감은 미약하지만 해야 할 일은 엄청나게 많은 자리였다. 초기 CISO는 법에서 정한 정보보안 체계를 만들어 가야 했다. CISO 조직의 인력 규모가 크지 않았기에 늘 손이 모자랐다. 보직은 임원이지만 때로 실무자처럼 부족한 인력 공백을 메워야 했다.

왜 보안 책임자를 임원으로?

CISO는 법으로 반드시 임원으로 임명해야 하는 보직인데, 법을 제정할 때만 해도 보안이 아무리 중요하다 해도 그렇게까지 할 필요가 있을까 하는 분위기가 있었다. 보안은 각기 IT 주체가 알아서 대응해야 할 일이지, 강제로 책임자가 이 정도여야 한다고 그 수준을 명시할 필요가 있느냐는 것이었다. 그렇지만 잊을 만하면 개인정보 유출 사고가 빈번하게 발생해 사람들을 불안하게 했다. 예전이라면 주변 업무처럼 여기던 정보보안이 회사의 미래에도 큰 영향을 미친다는 새로운 인식이 퍼져가기 시작했다.

이제는 IT로 일을 처리하는 것이 대세라, 정도의 차이는 있어도 어느 직장의 어떤 자리에 있건 간에 컴퓨터로 처리하는 일이 대부분이다. 하다못해 혼자 하는 작은 커피숍일지라도 관리를 위해서는 구매와 비용,

매출을 프로그램에 입력해 정리해야만 나중에 일목요연하게 내 가게의 상태를 알 수 있고, 세무 신고나 금융기관에 제출할 자료 작성도 이를 기반으로 해야 한다. 이렇게 이제는 어디서 무슨 일을 하거나 IT를 이용하지 않고선 살 수 없는 세상이 되었다. 더군다나 대기업은 IT로 일과 부서를 긴밀하게 조직하고 있다. 특히 수많은 사람을 동시에 상대하는 서비스, 유통업, 금융과 같은 업무는 한시라도 이 IT가 없이는 존재할 수 없게 되었다.

컴퓨터를 이용한 IT와 인터넷이 모든 비즈니스와 생활을 지배하게 되자, 여기에 포함된 엄청나게 많은 양의 개인정보와 비밀의 유출이란 문제가 발생하기 시작했다. 이것들이 유출되면 개인이나 기업은 거의 벌거벗긴 정도로 자기 모습을 백일하에 드러내게 된다. 한편으로는 이 정보를 노리는 사람이 많다. 왜냐하면 이 정보들은 마케팅에 아주 좋은 기초 자료로 쓰일 수 있기 때문이다. 개인정보는 적극적으로 보호되어야 사람들이 안심하고 생활할 수 있다. 또한 기업의 정보보안이 허술해서 보유하고 있는 개인정보들이 유출된다면 기업의 생존에도 치명적인 영향을 미치게 된다.

정보보안은 이제 모두의 일이다

이렇게 IT와 정보보안이 밀접하게 얽혀 있는 세상이기에 여기서 CISO 가 하는 일과 정보보안을 눈여겨보는 것은 독자들 입장에서도 나쁘지 않다고 본다. 어떤 일을 하든, 직장에서 맡은 일이 무엇이든 간에 IT와 정 보보안에 대한 이해는 필수적인 일이기 때문이다. 우리들은 스스로 자신 의 정보를 소중하게 생각하고 이 정보가 남에게 잘못 사용되는 것을 막 으려 한다.

그러나 자기와 관련 없는 일을 할 때면 보안에 관해서 귀찮게 여기 고 가능한 한 편리하고 막힘없이 일을 처리하기를 원한다. 그런데 만일 회사 IT 안에 유출되어서는 안 되는 개인정보가 다수 있는 상태에서 보 안이 제대로 이루어지지 않아 내가 있는 자리가 취약 지점이 되면, 해커 의 공격으로 개인정보가 탈취되고 현 직장의 내 자리조차 없어질 수 있 다. 그래서 CISO가 하는 일을 조금은 이해할 필요가 있다.

CISO의 목표인 보안은 말 그대로 회사의 IT 시스템을 안전하게 지 키는 것이다. 회사에서 남들에게 누출되지 않도록 지켜야 할 것은 자신 의 영업이나 경영과 관련된 기밀도 있겠지만, 요즘에는 다른 무엇보다도 고객정보를 지키는 것이 최우선이다. 어느 회사나 고객이 있고 그 고객 을 상대로 영업을 하므로 그들의 정보가 필수적이다. 그런데 이 고객정보에 대해서 호기심을 가진 사람들이 너무도 많다.

고객정보를 보는 사람은 고객에 대해 여러 가지를 알 수 있다. 예를 들어 내가 사용한 신용카드 결제 정보를 다른 사람이 가져가 보게 된다면, 그는 나의 소비 유형과 규모를 쉽게 알 수 있게 된다. 만일 어떤 영업조직이 불특정 다수의 그런 고객정보를 알 수 있다면, 이를 바탕으로 매출을 높일 수 있는 영업 전략도 세울 수 있다. 또한 새로운 상품 개발에 도움이 될 수 있으며, 고객을 유지하는 전략 수립에도 사용할 수 있다. 그렇지만 자신의 정보가 자기도 모르게 다른 사람에게 알려지기를 원하는 사람은 아무도 없다.

2014년에 국내 일부 카드사 정보가 외부에 유출되는 사건이 발생했다. 이 소식은 그 카드를 사용하고 있는 고객들을 분노하게 했다. 그 결과로 임원이 된 지 4개월도 채 되지 않은 카드사 담당 임원이 책임지고 사퇴해야 했다. 재직 기간상 이 임원이 책임져야 할 부분이 얼마 되지 않아 꼭 그렇게까지 해야 하나 싶은 생각이 들 정도였지만, 정보 유출에 대한 고객 분노가 거셌기에 해당 임원은 물론이고 카드사도 아무런 조처 없이 버티기는 힘들었을 터였다.

당시 유출된 정보를 분석하면 카드 소유자가 언제 어디서 얼마를 사용했는지 파악할 수 있었다. 그가 무엇인가를 구매했다면 금액으로 유추해 그게 어떤 상품인지도 짐작할 수 있었다. 또한 카드 소지자가 움직였던 동선도 알 수 있었다. 만일 누군가가 자신의 동선을, 그것도 몇 달 동안의 행적을 공개적으로 안다고 생각하면 등골이 오싹해질 것이다. 그 상황을 참고 넘어갈 고객이 어디 있을까? 그렇기에 회사는 보유한 고객정보를 최우선으로 보호하고, 그것이 누출되었을 때 회사의 CISO와 CEO, 나아가 회사 전체가 책임을 져야 하는 이유는 분명하다.

회사 안에서 CISO의 목표는 회사 IT 체계를 위험으로부터 안전하게 지키고, 새로운 위험을 확인해 신속하게 대응하는 과정을 통해서 해커들에 대한 선제 대응도 가능할 수 있도록 역량을 축적하는 것이다. 또한 보안이란 개별 회사에서 전부를 책임지고 할 수 있는 것은 아니다. 특히 금융회사라면 금융보안원 등 주요 기관들과 협업하여 공동 대응을 하는 자세가 중요하다. 이런 사실로도 금융회사의 보안을 임원이 책임져야 하는 것은 타당한 일이다. 회사 조직 규모를 비교하며 보안 부서에 인력이 적다고 해서 그 책임자로 임원급이 아니어도 된다고 하기에는 보안 업무가 너무나 중요하고 회사의 존립과도 관계된 핵심 임무이기 때문이다.

CISO는 어떻게 보안을 지키나

CISO와 보안 담당 직원은 회사의 보안 수준 관리를 위해 IT 조직 업무 전체를 모니터링해야 한다. 또한 IT가 안전한 환경에서 작동하기 위해 안전한 보호막을 구축해야 한다. 이를 위해 필요한 것이 취약점 진단과 보완이다. IT 전체 업무를 보면서 존재할 수 있는 취약점을 찾아내고, 이에 대한 예방적 조치를 취해야 한다. 취약점 진단과 그에 따른 후속 조치를 보안정책이라고 한다.

정보보안 업무는 보이지 않는 것들과의 전쟁이라 할 수 있다. 회사 밖에서 회사 안으로 들어오는 모든 흐름을 놓치지 않고 실시간realtime으로 볼 수만 있다면 대응은 어렵지 않다. 하지만 그런 움직임을 볼 수 있는 방법이 없다. 볼 수 없는 것들을 볼 수 있도록 하는 것이 CISO가 힘써야 하는 일이다. 보이지 않는 것을 보는 것처럼 대응하기 위해서 보안시스템과 솔루션 등을 도입해 설치 운영을 계획하고 실행한다.

사용자들은 사소한 불편도 견디지 못한다. 아마 이 책을 읽는 독자도 회사 안에서 번거로운 보안을 견디지 못해 불평불만을 토로한 적이 있을 것이다. 언젠가는 사용자 부서 건의가 왔는데, 보안정책을 완화해 달라는 내용이었다. 이유는 다른 회사에서는 이렇게까지 철저하지 않다는 것이었다. 이런 것까지 사용자를 탓할 일은 아니다. 이런 상황에서도 회사를 안전하게 지키도록 해주는 정책을 적용할 수 있는 방법을 찾는 것이 CISO가 해야 하는 일이다. 사용이 불편하다며 반발하는 사람에게는 보안의 이유를 설명하고 설득해야 한다. 보안이 다른 누구를 위한 것이 아니라 자기 자신을 지키는 일로 생각하도록 하는 교육 또한 CISO의 임무다.

CISO의 역할은 갈수록 확대되어 간다. 사내에서 어떤 업무를 추진하더라도 보안성 검토와 승인이 없으면 진행할 수 없다. 그렇지만 CISO 직책의 존재감은 높지 않다. CISO는 그것을 불편하게 생각해서는 안 된다. 항상 드러나는 일 뒤에서 모든 일이 가능할 수 있도록 묵묵히 지원하는 헌신이 필요하다. CISO의 직무란 바로 그런 것이다.

2. CISO는 무엇을 어떻게 할까

CISO들의 모임에 가면 우스갯소리로 '우리는 총알받이'라고 한다. 앞으로 일어날 수도 있는 보안 사고에 대비해 있는 보직이라는 뜻이다. 실제로 보안 사고가 나서 언론에 보도되면 그 회사는 큰 곤경에 빠진다. 그런 사건으로 잘린 임원도 많다. 그러기에 CISO가 받는 업무 스트레스는 다른 사람이 상상하지 못할 정도다. 그들의 소망은 무엇일까? 적어도 자신이 재임하고 있는 동안 사건이나 사고가 일어나지 않는 것이다. 보안 사고는 예측할 수 없는 상황에서 순식간에 벌어진다. 재수가 없으면 전임자가 사고 친 것을 덮어쓰기도 한다.

그렇다고 보안이 완벽한 회사라는 소망을 이루어 주는 마법 같은 처방이 따로 있을 리 없다. 그저 인내심을 가지고 취약점을 하나하나 지워 나가는 꾸준하고 성실한 노력만이 정답이다. 그렇게 하다 보면 경험과 노하우가 축적되면서 보안 수준이 높은 회사를 만드는 길로 나아가게 된다.

안 보이는 것을 보이게 하라

보안의 첫 번째 단계는 가시성의 확보다. 무엇이든 보이면 그다음 대응은 수월하다. 보안과 관련해서 보이는 것은 없다. 취약점이란 것도 보이지 않는다. 취약점을 안다면 그에 대한 대응도 수월할 수 있는데, 무엇이 취약점인지 보이지 않는다. 또 취약점을 누가 공격을 하는지도 알 수 없고, 시도의 흔적은 남아 있는데 누구인지 확인할 수 없다. 그래서 사용하는 시스템 환경 전체를 놓고 무엇이 들어오고 나가는지 볼 수 있도록 해야 한다. 시스템에서 볼 수 있는 인프라와 대응 체계를 설계하고 운영할 수 있도록 준비해야 한다. 어떤 것이든 볼 수 있으면 승자가 될 가능성이 높다.

두 번째 단계는 시스템의 관제다. 회사에 소속된 인력들 가운데는 보안 관련 경험이 축적된 인력이 많지 않다. 만일 그런 경험자가 있더라도 24시간 근무하게 하는 방법이 없다. 야간이나 주말, 공휴일에 대응할 수 있는 도구와 방법을 지니고 있어야만 무엇이 보이면 즉시 대응할 수 있다. 그래서 역량을 갖춘 조직과 협업하여 시스템을 관제할 수 있도록 해야 한다. 여기에 돈을 아낀다면 결국 소탐대실이 될 것이다.

세 번째 단계는 인력을 확보하는 일이다. 시스템에 취약점이 있다고 해도 공격자가 공격 코드를 만들려면 시간이 걸린다. 또 공격자는 공격할 곳을 찾기 위해 수많은 곳을 관찰하고 침투 가능성을 탐색한 후 공격에 들어가는 자원 대비 성과를 계산해야 한다. 그 과정을 통해서 방비가 튼튼한 곳은 제외하고 더 허술한 곳을 어렵지 않게 찾아내곤 한다. 공격자의 생각을 이해하고 취약한 곳을 찾아 대응할 수 있는 역량을 갖춘 인력이 내부에 반드시 있어야 한다. 만일 이런 인력이 없다면 내부에서 양성해야 한다.

네 번째 단계는 교육이다. 보안 교육은 인기가 없어 강제로 받도록 한다. 그렇지만 보안 교육은 효과가 있다. 이 교육의 목적은 사용자들이 보안이 번거로운 절차가 아니라 자기 자신을 위한 것이라는 점을 깨닫도록 하는 것이다. 보안 준수가 자신과 자기가 수행하는 업무를 확실하게 지켜준다는 것을 스스로 알아가도록 적합한 방법을 찾아 교육해야 효과를 볼 수 있다.

CISO는 비록 수하에는 인원이 많지 않고 대부분의 일을 외주 처리하기 때문에 외부 업체에게 중요한 영업 대상이 된다. 보안업체의 CEO

나 영업자라면 누구나 CISO의 머릿속에 들어가 보고 싶은 소망이 있을 것이다. 보안업체로서는 CISO의 절박한 고민을 이해하는 일이 가장 중요하다. 당연히 그런 고민을 해결해 줄 수 있는 제품을 보유한 업체가 있고, 그곳에서 CISO를 자주 찾아와 소개하고 설명한다면 수주할 가능성이 높다. 외부에서는 CISO가 전권을 쥐고 결정하는 것으로 생각한다. 물론 보안의 최고 책임자인 CISO가 결정하면 대체로 그대로 결정될 것이다. 하지만 권한을 사용하는 것에는 책임이 따른다. 그래서 CISO는 결정에 앞서 실무자들의 의견을 듣는다. 만일 실무자가 이런저런 문제가 있다는 의견을 피력하면 그 사안은 성사되지 않을 가능성이 더 크다는 것도 이해하고 있어야 한다.

가혹한 책임을 지는 자리

CISO가 임원이기에 IT 관련자의 승진이 꼭 유리한 것은 아니다. 그러나 IT 직무자의 임원 승진 자리를 하나 더 넓힌 것은 맞다. 하지만 역시 CISO는 가혹한 자리다. 적이 누군지도 모른 채로 언제든지 뚫릴 수 있는 시스템과 자료를 지키며, 방어에 대해서 온전하게 책임져야 하는 자리이기 때문이다. 나 또한 2년 정도 그런 힘든 시간을 보냈다. 처음에는 다른 스트레스 때문이라고 생각했었다. 하지만 CISO 직무 수행에 따른

스트레스가 가장 컸음이 사실이었다. 여타의 스트레스는 거들 뿐이었다. 업무 스트레스 때문에 겪는 다양한 증상 이야기를 들었지만 그것이 내게도 해당하리라고는 생각하지 못했다.

'뚫리면 무조건 집에 간다.' 혼자서만 집에 가는 것이 아니라 사안에 따라서는 회사를 대표하는 CEO도 같이 갈 수 있다. 보안이 뚫리는 것은 혼자 책임을 지는 것이 아니라 회사의 명예까지도 실추될 수 있는 일이었다. 직무가 주는 중압감이 그렇게 컸던 자리는 생애 처음이었다. 정보보안은 보이지 않는 적에 대응하는 일이다. 그래서 내 시스템의 보이지 않는 취약점을 찾아서 예방해야만 한다. 사건·사고는 사후에 어떻게 처리하느냐는 별로 의미가 없다. 사전에 예방하는 것만이 의미가 있다.

말이 쉽지 안 보이는 것을 어떻게 볼 수 있으며, 내 취약점을 어떻게 찾아서 대비할 것인가? 방법은 오로지 보이지 않는 것을 볼 수 있게 해주는 도구를 확보하기 위해 자원을 투자하고, 그렇게 찾은 자신의 취약점에 적절한 조처를 할 역량을 보유하는 것이다. 이렇게 간단하게 말은 하지만, 사실 사고의 확률은 낮아 보이고 투자에는 비용이 많이 들기에 과감하게 튼튼한 방어벽을 세울 회사는 많지 않다. 그러나 방어벽이 뚫리고 나면 상상 이상의 결과로 이어지고, 투자 부족으로 인한 모든 책임도 CISO가 져야 한다. 여러 상황이 어렵다고 변명하거나 핑계를 대기보다는 가능한 범위에서 해결 방안을 모색하고 실행해야 한다.

CISO 임원이 되고서 회사에서 마련해 준 좋은 책상과 의자에 앉아 있을 때 기분은 좋았다. 그러나 겉보기는 좋았지만 속마음마저 편안했던 것은 아니었다. 무슨 일이 있어서 불안한 것이 아니라 아무것도 드러나지 않았기 때문에 불안했다. 무언가가 드러나기를 바랄 수도 없는 것이, 무언가가 드러난다면 이미 끝장이 난 것이기 때문이다. 이런 시간이 계속되니 불안한 마음이 자꾸 들었다. 퇴근 시간에는 마음속으로 '오늘도 무사히' 하지만, 밤에 또 무슨 일이 일어날지 알 수 없었다. 그저 밤새 안녕하기를 바라는 수밖에 없었다.

나는 일상에서 뉴스를 찾아보는 시간이 늘어나고 있었다. 주말에도 그랬다. 집에서 쉬다가 벌떡 일어나서 뛰어나가야 하는 상황이 올 수도 있었기 때문이다. 아침에 일어나자마자 보안 관련 사건·사고가 없는지 뉴스부터 살폈다. 무슨 보안 사고가 생기면 이튿날 일찍 출근해서 CEO 출근 전에 보고서를 써야 했다. 주말에 멀리 여행이라도 가려다가 무슨 일이 일어날지 몰라 망설이기도 했다. 공식적인 휴가 말고는 멀리 떠날 수도 없는 나날이었고 하루하루가 긴장의 연속이었다.

내가 다녔던 곳이 돈과 관련된 금융회사라서 그런 스트레스가 더 가혹한 것은 아니다. 가령 즐거운 놀잇거리를 파는 게임 회사 CISO라고 해도 마찬가지다. 1) 일반적으로 게임 회사에서 무슨 보안이 그리 중요할 것이냐며, 압박감도 심하지 않을 것이라 여기기 십상이다. 그러나 누군가 게임 고객의 ID와 패스워드를 해킹해서 그 사람의 자산을 다 없애거나 탈취한다고 가정하면, 그 상황에서 게임 회사는 해킹에 책임이 없다는 것을 증명해야 한다. 게임 회사도 다양한 형태로 해커들의 공격에 시달린다. 온라인 게임에서 서비스 중단은 가장 무서운 공격이다. 그런 가운데 회사의 안전을 지켜야 하고 고객들의 정보를 보호해야 한다. 게다가 회사의 평판도 지켜야 한다.

CISO의 어깨 위에는 언제나 무거운 납덩어리가 올려져 있다. 사건·사고는 가능성의 문제이고, 규모가 작더라도 사건이 미칠 파장에 촉각이 곤두서 있다. 더군다나 CISO는 책임자이며 임시직인 임원이다. 정보보안을 생각하면 하루도 마음이 편할 날이 없다. 조금씩 조금씩 발견한 취약점을 하나하나 조처하면서 방어벽이 커다란 물을 막아주는 안전한 댐과 같이 높아지기를 기다리는 인내의 나날을 4년 동안 보냈다. 작은 결점들을 메우며 이런 것밖에 할 수 없는가 하는 자괴감과 늘 싸워야 했다. CISO는 스트레스가 많고 어깨가 무거운 직책이다.

3. 작은 일을 모아서 큰일이 되기를 소망했다

CISO로 처음 임원이 되었을 때 큰일이 하고 싶었다. 다른 일은 예산이 1,000억 원으로 오히려 감당이 안 될 정도로 규모가 컸지만, 정보보안은 50억 원 전후로 인건비와 유지보수비를 제외하면 할 수 있는 일이 별로 없었다. 단위가 작은 일들이 10건이 간신히 넘을 정도고, 인원도 20명 남짓인데 책임은 말도 안 되게 컸다. 어떻게든 사고만 나지 않으면 뭐라 할 사람도 없고, 회사 사람들 눈에 들어오지도 않을, 할 일 없는 보직이라는 생각이 들었다. 가슴이 답답했다.

보안에서는 위험하다 하더라도 실제 현실로 나타날 가능성은 그리 크지 않은 듯하다. 그렇지만 그 위험에 대응해야 하는 것이 보안 업무다.

사고 발생 가능성이 높지는 않았지만 또 한편으로 나에게 일어나지 않는다는 보장도 없다. 만일 위험이 현실로 바뀐다면 나는 그날로 끝이다. 내 일이 사라지는 것도 싫지만 회사는 더 크고 심각한 위험에 처할 수도 있다. 보안에서는 위험들이 시시콜콜한 작은 곳에서 나타났다. 위험을 살펴보면 작은 문제였다. 해결해도 그만, 안 해도 그만인 일일 수 있지만 하지 않았을 때는 쌓여서 언젠가 큰 문제로 나타날 수도 있다. 지금 확률이 낮다는 이유로, 또 위험이 크지 않다는 이유로 무시할 수는 없었다. 티도 나지 않는 작은 일을 한다는 사실을 나 스스로 받아들이기 어려웠지만 상관하지 않기로 했다.

작은 일부터 충실하게

나의 평소 지론은 '작은 일을 충실하게 하자'는 것이다. 작은 일에 성의를 다하는 사람은 큰일에도 마찬가지다. 작은 일을 소홀히 하면 모든 일에 소홀하다. 언제부터인가 큰일을 하고 싶다는 생각을 많이 했다. 하지만 큰일은 작은 일을 제대로 하지 않고는 가능하지 않았다. 스스로 작은 일도 하지 않고 곧바로 큰일을 하려는 조급함을 다스려야 했다. 아마도 CISO라는 직책이 나에게 주어진 것은, 작은 일부터 시작해 차분하게 큰 일을 준비하라는 뜻이었는지도 모른다는 생각이 들었다.

마음에 차지 않음을 견디면서 작은 취약점을 하나하나 처리했다. 그렇지만 아무리 열심히 해도 진전이 없는 것 같았다. 이런 일을 언제까지 해야 하나 하는 진력나는 마음과 싸우면서 취약점을 메우는 일을 꾸준하게 지속했다. 그리고 4년 정도 지나고 나니 엿가락에 난 구멍 같은 취약점들이 거의 다 메워지고, 또 어떤 취약점은 중복된 조처로 견고한 장벽처럼 되어 있었다. 이제 보안과 관련해서 선제 대응이란 카드를 사용할 수 있는 역량이 갖춰졌음을 느낄 수 있었다.

보안 수준 평가에서 스스로 '잘했다'는 판단은 의미가 없다. 오로지 객관적 평가만이 의미가 있다. 감독 기관이 행하는 '경영 실태 평가'에서 보안은 2등급 평가를 받았다. 당시 2등급은 은행권에서, 그것도 수신고 1, 2위를 다투는 은행에서나 가능한 등급이었다. 금융기관 가운데 은행이 아닌 보험회사가 2등급이라는 의미는 '지금까지 해온 것처럼 꾸준하게 나아가라'는 격려였다. 안전한 보안은 어느 날 갑자기 단 한 번의 조치로 가능한 일이 아니다. 보안 위협은 언제나 새로운 얼굴을 하고 나타난다. 사람들은 새롭고 편리한 서비스에 열광한다. 보안은 열광하는 고객이 실망하지 않게 하기 위해 노력하는 직무다. 세상에 공짜는 없다. 겉으로 드러나지는 않지만 내 정보를 지키는 사람이 있음도 한 번쯤 생각해 봤으면 한다.

할 일은 많고 사람은 적다

보안 업무가 좀스러운 일이란 것은 업무 성격에서만이 아니다. 임원들 가운데 거느린 인원도 가장 적었다. 아마 다른 회사의 경우도 마찬가지 일 것이다. 어느 회사도 매출이 증가하는 성과가 눈에 바로 보이지 않는 정보보안에 인력을 많이 배치하지 않는다. CISO로 직무를 시작할 때 총 인원 18명이었다. 할 일은 많고 일할 사람은 없었다. 일할 사람이 필요했 지만 사람 구하기는 어려웠다. 정보보안이 중요하다고 말은 했지만, 일할 사람은 오지 않았다. 그래도 일은 해야 했다.

목마른 사람이 우물을 판다고 했다. 회사 인사 조직에 누구라도 좋으니 사람을 보내달라고 했다. 현재 사정을 충분히 설명했고 긍정적인 응답도 받았다. 일할 수 있는 인력 한 사람이라도 충원되리라 기대했다. 더군다나 학력도 따지지 않는다고 했다. 인사 부서에서 보내주는 사람을 수용할 수밖에 없었다. 막상 정보보안으로 발령은 났는데 회사의 다른 부서에서는 꺼리던 사람이었다. 그렇지만 새로 발령을 받아서 오는 사람을 두고 불평할 수는 없었다.

우리는 새로 온 사람의 장단점을 살피고 어떤 일을 주어야 잘할 수 있을지를 의논했다. 어떻게 해서든지 잘 적응하도록 도와주어야 했다. 우리가 절망하면 그 사람도 힘들고, 힘든 상황도 해결되지 않는다. 힘들게 온 사람을 살피고 달래면서 새로운 직무를 부여했다. 현장의 경험을 살려 잘해주기를 부탁하며 업무 지원도 해주었다. 예상과 달리 그는 자신이 맡은 직무를 성실하게 감당했다. 제대로 한 사람 몫의 밥값을 했고, 인원 부족은 숨통이 트였다. 가끔 조직에서 내놓은 사람처럼 행동해서 관리자들을 지치게 만드는 직원들이 있다. 그런 사람들이 자기 밥값을 하도록 하는 것이 상사의 리더십이고 능력이다.

세상에 쓸모없는 사람은 없다는 것을 이 과정을 통해서 다시금 배웠다. 또한 사람들을 특정한 일을 하지 못한다고 해서 쉽게 버리고 함부로 대해서는 안 된다는 사실도 배웠다. 쉽게 포기하기보다 인내심을 갖고 그가 정말 잘할 수 있는 일을 찾아서 할 수 있도록 도와야 한다. 나도 만약 보안 업무를 하지 않았다면 이런 절박한 마음으로 사람을 쓰는 일을 이해하지 못했을 것이다.

한번은 학부와 대학원에서 IT를 전공한 사람이 전혀 다른 업무를 하다 온 적도 있었다. 전공은 했지만 오랜 시간 다른 일을 했기에 일을 잘할 수 있는지 지켜봐야 했다. 결과적으로 이 사람은 기대 이상으로 자기 역량을 발휘했다. 업무와 관련해서는 더 바랄 것이 없이 한 사람 이상의 몫을 감당했기에 너무나 반가웠다. 남은 문제는 회사 안에서 본인의 자리를 찾게 하는 것이었는데, 그것은 결과적으로 성공하지 못했다. 그는 지금도 자신의 전공이 아닌 곳에서 열정적으로 자기 일을 하고 있었지만, 자신의 전공은 결국 살리지 못했다. 큰 조직에는 이런 일이 왕왕 있다. 본인이 가진 장점을 제대로 발휘하지 못하게 만드는 것이다.

사람을 사용하는 일에서는 인내심이 많이 요구된다. 임원은 권한이 많은 사람이다. 임원이 특정한 사람을 폄하하거나 규정해 버리면, 다른 사람들도 그를 그렇게 평가하고 가까이하려 하시 않는다. 별다른 뜻이나 의도가 없더라도 당사자에게는 그런 상황이 심각한 경우가 되어버릴 수도 있다. 임원은 규정하고 평가하는 것이 아니라 기회를 주는 사람이 되어야 한다.

외부 사고 보고서

내가 CISO 직책을 맡았을 당시에 국내외에서 보안 사건, 사고 소식이 꽤 있었다. 이런 소식은 CEO에게 따로 보고하지 않아도 이미 알고 있는 관심사가 되어 있었다. 보안 조직에서는 사건의 발생과 동시에 신속하게 원인을 파악해야 했다. 뉴스에 보도되는 내용만으로는 정확하게 알 수 없었다. 금융보안원 등 여러 기관의 담당자들에게 확인하고, 또 외부 전문가들을 동원해 상황을 파악했다. 그렇게 해서 사건의 개요와 원인 분석, 회사에 끼칠 수 있는 영향과 그에 따른 대응 방안, 마지막으로 우리회사 상황과 그에 따른 조치를 정리해서 보고했다.

나는 보고를 전후로 관련된 모든 자료를 모았다. CEO에게 보고를 마치고 대응 조치를 지시하고 나면 모든 자료를 모아서 한 묶음으로 만들었다. 이렇게 만든 바인더를 읽어보면 발생했던 사건·사고의 전모와 CEO에게 보고했던 내용까지 전체적인 내용을 파악할 수 있었다. 이것을 만들면서 사례별 자료가 하나하나 모이게 되면, 이것들이 언젠가는 큰 댐과 같은 방어막을 만들 수 있을 것으로 기대했다. 안전한 회사를 만들고 싶었던 갈망을 바인더 묶음에 함께 묶었다.

4년 동안의 CISO 업무를 마치고 인수인계를 위해 자료를 정리하면서 그동안 만들었던 바인더를 세어봤더니 13권이 되었다. 이 13권의 바인더를 보면서 나올 수 있는 사건·사고는 전부 나왔기를 바라는 마음이었지만, 앞으로 다른 어떤 사고가 또 벌어질 것인지는 알 수 없었다. 나 또한 이 바인더에 올릴 만한 사고가 있었더라면 인수인계도 제대로 할 수 없었을 것이다. 아무리 생각해도 이 전쟁은 끝나지 않을 것 같기는 했다. 그래도 앞으로 이 자리를 지키는 사람 역시 각고의 인내심을 가지고 위협을 찾고 대응하며 기록하기를 바라는 마음이었다. 정보보안이란 무거운 짐도 더 가벼워졌으면 했다.

4. 정보보안 ABC

현황이란 '현재 상황'을 줄인 단어다. 누구에게나 그렇겠지만 CISO에게
는 특히 정확한 자산 현황이 아주 절실하다. 거듭 강조하지만 정보보안
이란 보이지 않는 것들과의 싸움이고, 이 싸움에서 이기려면 보이지 않
는 것들을 잘 볼 수 있어야 한다. 보이지 않는 것들은 다른 말로 하면 취
약점이다. 누군가는 이 취약점을 이용해서 회사를 공격할 기회를 얻는
다. 문제는 취약점은 보이지 않는다는 점이다. 일단 취약점이 보이면 문
제의 반은 해결한 셈이다.

　보이는 것도 부분보다는 전체를 볼 수 있는 것이 좋다. 전체를 보면
종합적으로 우선순위를 정할 수 있기에 대응이 수월하다. 보이는 영역에

서는 사고가 발생하지 않는다. 시스템을 해킹하려는 자들도 보이는 곳은 두려워한다. 관리되지 않고 보이지 않는 영역에서 사고는 발생한다. 보이지 않는 취약점을 찾는 일이 공격과 방어의 접점이다. 전체를 본다는 것은 한 회사 전체에 있는 IT 자산을 실질적으로 파악하는 것을 의미한다.

현황은 도처에 있고 수시로 바뀐다

회사의 IT 자산은 사용자들이 사용하는 PC와 주변기기들, 전산센터와 백업센터에 설치·운영되고 있는 컴퓨터와 네트워크 장비, 전산센터의 물리적 장비와 각종 안전 설비, 거점에서 운영되고 있는 설비들, 각종 소프트웨어, 개발 및 운영하고 있는 각종 프로그램 등 전국적으로 엄청난 규모다. 게다가 이 자산 현황은 수시로 바뀐다. 소규모 프로젝트 하나가 완료되어 운영으로 전환되는 경우에도 많은 것이 바뀌게 된다. 새로운 장비가 한 대만 들어와도 현황이 바뀐다. 그 장비가 단독으로 운영된다면 몰라도 일단 회사의 네트워크에 접속되어 운영되기 시작하면 이곳저곳에 영향을 미친다.

　보안 업무에서는 경험이 많은 뛰어난 사람이 취약점을 잘 찾아낸다. 신입이나 경력이 짧은 직원은 현장의 현실에서 한계가 있다. 적어도 특정한 업무 분야에서 상당한 경력을 갖춘 직원이 점검하는 것이 좋다. 그러나 보안은 겉으로 드러나는 화려한 직종이 아니라 지원자가 적고, 또 경력 있고 유능한 직원이 많으면 작은 조직에서는 관리하기 쉽지 않은 문제가 있다. 현실적으로는 경험 많은 인재가 보안 부서라는 작은 조직에 많을 수 없다. 그래서 대부분 외부 전문 업체를 활용한다. 취약점 진단을 수행한 경험이 있는 전문 업체의 인력들을 활용해 회사의 안전성을 높이는 것이다. 그들이 와서 가장 먼저 찾는 것이 회사의 현황이다.

전문가들이 발견한 취약점은 DB화해서 조치가 완료될 때까지 추적·관리를 한다. 대부분 위험은 시간이 필요할 뿐 조처가 가능하다. 하지만 조처 자체가 불가능한 위험도 있다. 해당 자산을 공급한 업체가 유지관리 서비스를 하지 않거나 문제가 생기면 이를 해결할 수 있는 기술이 없는 때도 있다. 이런 경우에는 관련 서비스를 중단하거나 해당 제품 교체를 검토해야 한다. 자산 현황이 정확하지 않다면 취약점 점검은 처음부터 불안한 출발이 될 것이다.

그러나 현황은 CISO 조직에서 작성하지 않는다. IT 시스템 전체를 도입·운영하는 조직에서 작성과 보관·유지를 한다. 실무를 해본 사람이라면 현황을 정확하게 파악하는 일이 얼마나 어려운가를 안다. 더구나 최신 현황을 정확히 파악하는 일은 거의 불가능에 가깝다. 그렇지만 자산 현황에 대한 정확한 파악 없이는 다음 단계로 나아가더라도 불안할 수밖에 없다. 어렵지만 반드시 해결하고 넘어가야 하는 일이 자산 현황의 정확한 파악이다. 그것이 모든 보안의 첫걸음이다.

사례에서 배운다

정보보안에서 사례 연구는 아주 중요하다. 사고를 당한 회사는 괴롭지만, 다른 회사에는 이 사례가 귀한 정보가 된다. CISO는 사건·사고 소식에 늘 신경이 곤두서 있어서 휴일에도 긴장하고 지낸다. 언론이나 포털에 사건·사고 소식이 뜨면 먼저 사고 원인을 확인한다. 경험상 대부분의 사고 원인은 주변에 알고 있는 사람들을 통해서 알게 된다. 발생한 사고 내용과 원인은 빠른 속도로 업계 관련자가 공유하게 된다. 그리고 시간이 지나면 관계 기관에서 조사 결과를 발표한다. 발표를 통해 사건의 내용과 발생 원인, 피해 정도가 나오면서 비로소 하나의 사례가 새롭게 정리된다.

보안 업무를 수행하는 사람은 이 사례들에 관심을 가져야 한다. 보안에서 과거의 사례는 현재도 여전히 교훈으로 남아 있으며, 사례에서 배우지 않으면 언제라도 다시 사고로 이어질 수 있다. 사례 학습에서는 사건 유형과 원인이 중요하다. 과거에 일어난 사건의 원인을 알아야 나도 대비할 수 있다. 회사 시스템을 공격하는 해커는 늘 새로운 것만 찾지 않는다. 상대방도 똑같이 과거의 사례에서 배워서 공격한다. 사례 공부는 늘 잊었던 것을 반복해서 확인하게 하는 효과가 있다. 그래서 같은 종류의 사건·사고 발생은 근본적으로 막아야 한다. 그래야만 보안에서 기본은 하고 넘어가는 셈이다.

어떤 사고가 발생한 다음에 그 수습은 미봉책이 아니라 근본적으로 해야 한다. 근본적인 해결을 위해서는 일이 많을 수밖에 없다. 그래도 모든 문제를 근본적으로 해결하는 것을 습관으로 여겨야 하는 업무가 바로 보안이다. 사례 연구를 통해서 우리에게 같은 문제가 있다면 역시 근본적인 해결을 해야 한다. 보안 관련 사례는 발생 시점 순서로 잘 정리되어 있고, 원인과 조처가 자세하게 나온다. 그것을 보며 자신이 속한 회사에 그러한 문제들이 있었는지를 조사한다. 만약 있었다면 조처를 제대로 했는지를 확인한다.

보안 감독 기관에서도 점검 시에 이런 조사를 하고, 또 대응 조처를 했느냐 하는 질문으로 꼭 확인한다. 그것으로도 부족하다 싶으면 사안을 요약해서 꼭 해야 할 것을 문서 형태로 보내주기도 한다. 사례에는 공개된 것도 있지만 공개되지 않는 것도 있다. 그런 문서는 노력해서라도 찾아봐야 한다. 혼자 힘으로는 찾기 힘들기에 업계와 관련 기관, 보안업체 사람들과도 꾸준히 교류하면서 정보를 공유하고 배우려는 노력이 필요하다.

또한 사례 연구는 효과적인 교육 방법의 하나다. 보안 교육을 하면서 정책 이야기를 하면 졸지만 사례를 이야기하면 피교육자들의 눈이 또랑또랑해진다. 사례 교육은 자연스럽게 자신의 업무를 돌아보도록 한다. 담당자가 휴가를 가거나 자리를 비우면서 '별일 있겠어?' 하는 마음으로 ID와 패스워드를 다른 직원과 공유하는 일을 되돌아보게 만드는 것이다. 직원들 사이에서 무심코 이야기하는 것들이 회사를 공격하려는 사람이 들으면 그편에 유리한 결정적 정보가 될 수 있다는 사례도 있다. 복잡해서 잘 외우지 못한다고 컴퓨터 모니터 한쪽에 중요한 내용을 적은 포스트잇을 습관적으로 붙이던 것도 멈추게 한다.

취약점 진단

정보보안에서 위험을 찾는 방법은 다양하지만, 보통은 보안 취약점 진단을 받아서 위험할 수 있는 요인들을 추출한다. 이 작업은 회사 전체를 대상으로 현재 운영하는 모든 자원을 조사하기에 시간과 비용이 많이 소모된다. 1년에 한 번이나 두 번 정도 정기적으로 한다. 이런 취약점 진단 작업은 대개 외부 전문 업체를 활용한다.

위험을 발견하는 또 다른 방법으로는 특정 영역을 정해서 그곳을 집중적으로 점검하는 방식이 있다. 좁은 범위라면 내부 인력으로도 얼마든지 점검할 수 있다. 남이 찾아준 취약점을 조처하는 것도 의미는 있지만, 스스로 점검하고 취약점을 발견하는 역량도 갖춰야 한다. 취약한 곳을 정확하게 찾아낼 능력이 있어야 정보보안을 온전하게 지킬 수 있다. 이런 특별한 점검은 CISO에서부터 모든 직원에 이르기까지 위험에 대한 감각을 예민하게 발전시킬 수 있도록 한다.

'재해 복구 매뉴얼'에서 보안 위험 요소를 찾아보는 것도 의미가 있다. 대부분 회사에는 전사 차원의 재해 복구 매뉴얼이 있다. 회사가 천재지변을 포함해서 재난이나 재해 상황에 맞닥뜨렸을 때 이에 효과적으로 대응하기 위해 준비된 비상 계획과 절차가 재해 복구 매뉴얼이다. 매뉴얼 관리에서 중요한 점은 매년 갱신해서 변화된 상황을 반영해 유지하는 일이다. 비상 계획은 유사시 현재 사용하고 있는 시스템과 동일한 기능을 수행하는 시스템을 구축해야 한다. 기존에 준비해 두었던 시스템을 다른 하드웨어에서 가동해 실질적인 영업을 재개할 수 있어야 한다.

이러한 상황에서 가동보다 중요한 것은 없다. 보안과 같은 부수적인 요소들은 후순위로 밀리거나 생략될 수도 있다. 시스템 가동이 중요하다는 이유로 보안은 아예 검토나 고려 대상에서 제외될 수도 있다. 그렇다면 재해 복구 매뉴얼에는 정보보안이 아예 논외일 수도 있다. 처음 재해 복구 시스템 구축을 시작할 때는 보안은 고려 대상이 아니었다. 하지만 보안의 중요성이 높아지는 추세에 맞춰 점차 보안 기능을 위한 다양한 시스템과 소프트웨어를 설치하기 시작했다. 복구 훈련에도 보안 시스템의 기능과 작동을 점검하는 항목이 포함되어 있다. 다만 현재 가동하는 시스템과 비교해서 규모가 작을 것이다.

재난이나 재해는 없는 것이 좋다. 그래도 만일 발생한다면 신속한 대응 조치가 필요하고, 그렇게 하기 위한 준비가 되어 있어야 한다. 일단 이런 상황이 벌어지면 부족한 정보보안은 단시간에 해결되기 어렵다. 보통은 비상 계획에 기초해 시스템을 운용해야 하며, 침투를 노리는 해커는 이런 소홀함을 그냥 넘기는 법이 없을 것이다. 그래서 재해 복구 매뉴얼을 가동했을 때의 보안 상태를 점검할 필요가 있다.

재해 복구 시스템의 전체 구성과 실제 운용 상황에서 정보보안을 위한 필수 기능들이 정상적으로 작동될 수 있는지를 살펴볼 필요가 있다. 재해 복구 시스템이 가동되어 사용되고 있다면 해킹 등 외부 침투에 대응할 준비가 되어 있는지를 살펴보아야 한다. 특정 회사 시스템이 비상 가동되고 있다는 상황이 알려지면 해커들의 집중 공격 대상이 될 가능성이 높기 때문이다. 이는 현재 사용하고 있는 시스템의 보안 환경과 일대일 방식으로 비교해 보면 쉽게 검증할 수 있다. 그러나 비상 시스템은 그렇지 않을 가능성이 크다. 왜냐하면 시스템의 구성은 자주 바뀌기 때문에 차이가 있을 수밖에 없다. 그래서 현재 사용하고 있는 시스템을 변경하면 곧바로 재해 복구 시스템에도 변경 작업을 같이 하고 있는지를 확인해야 한다.

　이런 비상사태까지 걱정해야 하는지, 그렇게까지는 과도한 염려라고 할 수도 있다. 만약 그런 정도의 상황이라면 현실은 급박하게 돌아갈 것이기 때문이다. 하지만 그런 일이 우리에게 벌어지지 않으리라는 장담을 할 수 없고, 또 그 상태에서 보안 사고가 발생하지 않으리라고 보장할 수도 없다. 만에 하나 사고가 실제 생긴다면 비상사태는 더욱 악화할 것이다. 그래서 빠른 시간 안에 모든 사태에 대응이 가능할 수 있도록 준비해야 한다. 나아가 재해 복구 시스템을 주기적으로 점검하고 최신으로 업데이트가 유지되도록 노력해야 위기 대응도 제대로 할 수 있게 된다.

기억에 남는 개인정보 암호화 사업

정보보안 가운데 가장 중요하게 여기는 것이 고객의 개인정보다. 개인정보는 노리는 사람도 많고 유출되면 커다란 파장을 일으키기에 그렇다. 그래서 개인정보는 국가 시책에 의해 암호화하게 되어 있다. 개인정보가 있는 데이터베이스를 암호화하는 것은 회사 전체 시스템에 영향을 끼치는 대규모 사업이기 때문에 2014년부터 시작해 3단계로 나누어 시행하기로 했다. 1단계는 소규모 시스템 몇 개를 시범적으로 적용해 암호화 관련 경험을 축적하고, 2단계는 범위를 확대하되 업무에 큰 영향을 주지 않는 시스템 가운데서 선택해 암호화를 진행했다. 가장 중요한 사업은 3단계였다. 3단계는 영업을 목적으로 현장에서 사용하는 모든 시스템이 대상이었다.

데이터베이스 암호화를 위해서는 정보를 처리하는 프로그램을 모두 수정해야 한다. 프로그램들을 조사해 고객정보를 처리하는 내용이 있으면 그 부분에 암호화 로직을 추가하도록 수정해야 했다. 그러면 고객정보가 데이터베이스에 저장될 때 암호화되어 저장된다. 데이터베이스에 암호화되어 저장되면 복호화 방식을 취하지 않고는 확인할 방법이 없다.

이 작업을 시작할 때 수정해야 할 프로그램이 대략 35만 개가 넘었다. 프로그램 35만 개를 하나하나 열어보고 조사한 후 수정하는 작업을 해야 하는 것이다. 이렇게 작업했을 때 온라인 프로그램 대략 6만여 개, 배치 프로그램 6만 5,000여 개를 수정해야 했다. 게다가 사용하고 있는 프로그램과 수정된 프로그램은 암호화 기능을 제외하고는 같아야 했다.

그런데 사용하고 있는 프로그램은 수시로 변경된다. 수정된 프로그램에도 변경 내용이 똑같이 적용되어야 한다. 이 부분을 정확하게 처리하지 않으면 나중에 큰 문제가 발생할 수 있다. 프로그램을 똑같이 유지하기 위해서 날마다 동기화 작업을 수행했다. 동시에 수정된 프로그램을 테스트해 현재 사용하고 있는 프로그램과 같은 기능을 수행하는지 일일이 확인해야 했다. 이 작업에만 대략 1년이 필요했다.

이 프로젝트를 진행하면서 가장 먼저 착수한 것은, 중간에 발생할 위험을 예상하고 이에 대한 대응 방안을 토의하는 것이었다. 이 프로젝트와 관련된 모든 이해 당사자들과 함께 진행했다. 그리고 35만 개 이상의 지난한 프로그램 수정 작업을 거쳐 마침내 테스트를 마쳤다. 그러고 나서도 3주 정도 시간이 남아 더 테스트를 진행하며 확인했다. 드디어 대망의 개통을 할 시점이 되었다.

개통 결과 온라인 프로그램 6만여 개 중에 20개 이내에서 에러가 발생했다. 에러 내용을 분석하니 자주 사용하는 프로그램이 아니었고, 그것도 어쩌다 한 번씩 사용하는 것이었다. 발생한 당일 모두 문제를 해결할 수 있었다. 배치 프로그램 검증을 위해서는 1주일 정도 시간이 더 필요했다. 만약 프로그램 수정이 잘못되었으면 배치 작업이 수행되면서 에러가 발생할 것이지만 한 건도 발생하지 않았다.

전사 규모의 대단위 프로젝트를 깔끔하고 완벽하게 마쳤다. 다른 회사에서 이 정도의 대규모 프로젝트를 에러 없이 단 한 번에 완벽하게 수행했던 적이 있다는 말을 들어본 적이 없다. 경험상 그 정도 규모의 작업을 하면 반드시 문제가 터지고 시끄러운 과정을 예외 없이 거쳐야 하는데, 우리의 경우 그런 일이 없었다. 이 프로젝트의 성공으로 회사의 CEO를 비롯해 안팎으로부터 많은 칭찬을 받았다.

이 일은 CISO를 맡았던 시절 중 가장 기억에 남았다. 이 프로젝트는 20명 정도의 인력으로 하기에 무리였고 보안 조직에서 할 수 있는 업무도 아니었다. 하지만 전임자의 결정으로 하지 않을 수 없는 상황이었고 감당할 수밖에 없었다. 프로젝트를 수행하기 위해서 많이 연구해야 했다. 프로젝트를 관행적으로 하고 싶지는 않았다. 우리는 프로젝트를 수행하면서 프로그램 개발 조직에 필요 이상의 짐을 지우지 않기로 했다.

지원 요청 범위는 그들이 마땅히 해야 하는 일의 범위를 넘지 않도록 방침을 정했다. 그리고 각자 자기가 해야 할 일에 대해서 충실했기 때문에 불만이 없었다. 그렇게 협조하는 분위기를 만들면서 일을 진행했다. 모든 일을 갈등 없이 원만하게 잘 진행할 수 있었다. 이 프로젝트에 참여했던 모든 사람들이 영예로운 성공의 주인공들이었다. 개인적으로는 전사 규모의 프로젝트를 완벽하게 수행했기에 큰 자부심이 생겼다.

이 프로젝트를 하면서 좀 더 일을 잘하기 위해 읽었던 책이 『손자병법』이다. 이 일과 전쟁이 무슨 관계냐 할지 몰라도 나는 이 일을 중요한 전쟁을 하듯이 했고, 그래서 도움을 얻었다고 생각한다. 『손자병법』에서 말하길 전쟁에 능한 장수는 쉽게 이기고 다른 사람들은 어떻게 승리할 수 있었는지 알지 못한다고 했다. 쉽게 이길 전쟁은 없다. 나 또한 프로젝트를 성공적으로 마치면서 그 말의 뜻을 알 수 있었다. 프로젝트가 조용히 소리 소문 없이 끝나니 아무도 이 일이 힘든지 알 수 없게 되었다. 하지만 이 일을 열심히 했던 사람들의 마음에는 기쁨, 보람, 뿌듯함과 자긍심은 계속 살아 있을 것이었다. 정보보안 분야는 그렇게 시끌벅적하게 일하지는 않지만, 그래도 성공적으로 커다란 프로젝트를 수행해 내면 그 일을 맡았던 사람들은 커다란 희열을 느낄 수 있다.

5. 정보보안 XYZ

정보보안에도 기본적이고 중요한 일들이 있다. 그것을 소홀히 하면 절대 안 되지만, 그것 못지않게 작은 일도 소홀히 할 수 없다. 하찮은 작은 구멍 하나가 거대한 둑을 무너뜨릴 수 있듯이 정보보안에서는 변방의 작은 틈새 하나가 거대한 보안망을 뒤흔들 수 있는 것이다. 그래서 정보보안에서는 큰일도 잘해야 하지만, 작은 것 하나에도 신경을 써야 전체 시스템을 지킬 수 있다. 게다가 요즘의 인터넷으로 연결된 세상은 너무 넓어서 사소한 틈으로도 온갖 것들이 드나들 수 있다.

영세한 곳은 취약점을 갖기 쉽다

정보보안은 회사마다 하는 업무의 방식이 다르기에 보안의 형태가 달라서 일률적으로 이야기할 수 없다. 곧 각 기업의 사정에 따라 시행할 수밖에 없는 개별적인 특성이 있다. 내가 근무했던 보험회사는 수탁사가 특이한 형태라서 이 이야기를 하지 않을 수 없다. 수탁사는 기업의 위임을 받아 업무를 대행하는 회사를 말한다. 수탁사는 업무 처리를 위해 고객 정보를 관리할 수 있고, 본사 시스템에 접속할 수도 있다. 다만 필요한 영역과 기능에 한정된다. 수탁사 가운데는 자체적인 전산시스템을 보유하고 관리 인력이 충분한 곳도 있지만, 처리하는 업무에 따라서는 수작업에 의존하는 영세한 곳도 있다.

기업에 침투하려는 외부 세력은 기업 전체를 살핀 후 그 가운데 약한 고리를 찾아내고자 한다. 약한 고리를 찾아서 공격해야 쉽게 원하는 것을 얻을 수 있기 때문이다. 외부의 공격자들도 비용 대비 효과를 계산한다. 해커도 성과 없이 버틸 방법은 없다. 탈취한 것을 시장에 팔아서 돈을 벌어야 일을 계속할 수 있다. 대기업은 보안에 투자를 많이 하기에 해커들이 시간을 많이 들여도 침투하기가 수월하지 않다는 것을 안다. 그들이 언제나 노리는 곳은 투자가 잘 되어 있지 않아 취약점이 많은 곳이다.

대기업을 보면 먼저 본사가 있고, 본사를 중심으로 대기업과 협력하는 곳들이 있다. 대기업과 협력하는 곳도 다시 그보다 더 작은 업체와 협력하고 있다. 다시 말하면 본사와 연결할 수 있는 경로들이 다양하게 존재하고 있다는 것이다. 해커는 이 경로를 살펴보면서 가장 약한 고리, 가장 비용 대비 효과가 좋은 곳을 찾아내고자 한다. 그래서 본사와 관련된 수탁사가 그들의 눈에 들어오는 것이다.

기업을 공격하는 방법 가운데 '지능형 지속 공격^{Advanced Persistent Threat,} ^{APT}'이라는 것이 있다. 말 그대로 기업을 꾸준하게 지켜보는 것이다. 지켜보다 보면 보이지 않았던 약점을 발견하게 된다. 그렇게 공격할 수 있는 포인트를 발견하면 공격을 개시한다. 누군가가 나를 꾸준히 지켜보면서 약점을 발견하고 그 약점을 이용해 공격하고자 한다고 생각하면, 이야말로 정말 소름이 끼치는 일이 아닐 수 없다.

관찰자가 볼 때 본사는 공격에 대한 대비가 튼튼해 어려우니까, 연결 고리를 따라 내려가면 수탁사 같은 일부 취약한 곳이 있기 마련이다. 영세한 이런 곳은 인력과 자원이 충분하지 않기에 관리에 공백이 있을 수 있다. 본사와 연결되는 업무 외에 자체적으로도 보안과 관련된 조처도 해야 하지만, 영세함 때문에 그렇게 못 할 수도 있다. 그래서 보안 조직은 매년 정기적으로 수탁사 현황을 정리한다. 수탁사의 위치를 파악하고 인력을 보내서 현장 점검을 실시한다. 이것저것 필요한 조치를 직접 지원하기도 하고 수탁사에 필요한 조언을 해주기도 한다.

보험회사는 수탁사가 상당히 많기에 현실적으로 이 모두를 점검하기란 쉽지 않다. 그렇지만 최소한 1년에 1회 이상은 점검할 수 있도록 한다. 점검하기 위해 출장을 다니는 고생이 만만치 않지만 전체의 안전을 위해서는 어쩔 수 없다. 수탁사 현장을 점검하면 한동안 그 상태로 잘 유지되어 약한 고리를 사전에 차단하는 효과가 있다. 약한 고리의 가능성이 줄어들었다는 것은 보안 수준이 향상되었다는 말과 같다.

메일이란 구멍

직장인이라면 출근해서 습관처럼 메일을 확인한다. 그러다 어떤 때는 이상한 메일이 보일 때가 있다. 아는 사람이 보낸 것도 아니고 안 열어보면 손해일 것 같은 제목이 붙어 있을 때도 있다. 호기심에 눌러보기도 하는데, 여기서 더 나아가 첨부파일까지 열다가 큰일이 날 수도 있다. 거기에 랜섬웨어가 있을 수 있기 때문이다. 랜섬웨어는 아주 고약한 놈인데 작동 원리는 단순하다. 랜섬웨어에 첨부된 파일을 확인하려고 클릭하면 동시에 파일에 숨겨져 있던 기능이 작동한다. 그 결과 사용자의 컴퓨터에 비정상 소프트웨어가 설치되고, 이것이 사용자 데이터를 암호화한다.

랜섬웨어는 대부분 해커가 만든다. 해커는 랜섬웨어를 만들어 다양한 방법으로 이를 퍼뜨린다. 랜섬웨어는 사용자의 데이터를 암호화해 사용자가 자신의 파일을 정상적으로 읽기 불가능하게 만든다. 원래의 형태로 되돌리려면 비밀번호를 알아야 하는데, 해커가 비밀번호를 알려주지 않으면 자신의 데이터를 쓸 수 없다. 해커는 비밀번호를 알려주는 대가로 돈을 요구한다. 만일 돈을 주지 않으면 암호화된 파일을 삭제하겠다고 위협한다. 삭제하면 데이터는 영원히 사라져 버리고 만다. 그 데이터에 금융회사 고객의 자산 내용이 들어 있다면 오싹해질 일이다.

해커의 요구에 응할지 자신의 데이터를 포기할지 결정해야 한다. 회사에서는 중요한 데이터에 대해서는 백업을 받아놓는다. 같은 파일을 다른 곳에 하나 더 만들어 놓는 것이다. 문제가 생기면 백업 파일을 사용해서 복구하면 된다. 그렇게 할 수 있다면 해커의 요구에는 응할 이유가 없다. 그런데 만일 랜섬웨어에 의한 비정상 암호화가 당일 발생했다면, 백업은 전날까지만 받은 것이기 때문에 그날의 데이터는 없다. 그래서 복구 불가능한 부분이 생긴다. 랜섬웨어의 공격을 받은 사람이 개인이라면 컴퓨터에 모든 파일을 백업을 받지 않은 경우가 많기에 몇 년 동안의 데이터가 일시에 사라져 버릴 수도 있다.

랜섬웨어의 이런 위험 때문에 이를 예방할 수 있는 근본적인 대책이 필요하다. 회사에서 랜섬웨어가 가장 쉽게 접근해 침투할 수 있는 경로는 업무용으로 사용하는 이메일이었다. 이메일 사용을 막으면 해결할 수 있겠지만 이메일 없이 일하라고 할 수는 없었다. 불특정 다수를 대상으로 살포되는 랜섬웨어에 대응하기 위해서는 직원들 개개인의 보안 의식을 강화하고 경각심을 높이는 것만이 해결책이었다.

그래서 이메일 대응 훈련을 계획해 실시했다. 훈련용 메일을 만들고 열어보지 않고는 견딜 수 없는 제목을 달았다. 첨부파일 역시 열어보고 싶은 유혹을 거부하지 못할 정도의 문안을 사용했다. 그렇게 훈련을 위한 메일을 보냈다. 메일을 열어본 사람들에게 "당신은 랜섬웨어에 감염된 파일을 열었다"라는 메시지가 떴다. 훈련 결과를 정리해서 CEO에게 보고했다. 메일 발송 대상자 명단과 그 가운데 메일을 열어본 사람, 메일과 첨부파일 모두를 열어본 사람의 명단을 보고했다. CEO는 이를 임원들이 모인 자리에서 발표했다. 또한 자신의 방에 결재받으러 오는 임원, 부장들의 이름을 확인하고 명단 포함 여부를 이야기했다. 이러한 CEO의 지원에 힘입어 훈련의 효과가 빠르게 나타났다.

훈련은 이후로도 몇 차례 더 실시했다. 훈련 후 보고도 지속했다. 훈련용으로 발송된 메일의 내용을 진짜로 알고 행동해서 소란이 벌어진 일도 있었다. 실전과 같은 수준으로 훈련하려다 벌어진 일이었다. 훈련은 모두에게 힘들었지만 결과는 만족스러웠다. 우리가 이메일 훈련을 한 다음, 국내 어느 회사에서 이메일을 통한 랜섬웨어 침투로 사고가 발생했다는 보도도 나왔다. 당한 당사자는 안되었지만 우리는 미리 대비했기에 다행이라 생각했다.

불시 점검을 실시하다

어느 날 총무부에서 얼마 전에 있었던 시설 보안 점검 결과를 보내왔다. 우리 사무실 캐비닛 가운데 일부가 닫혀 있지 않았고 또 열린 서랍도 있었던 사진까지 첨부되어 있었다. 보안 업무를 하는 조직인데도 사무실에서 이처럼 허점이 많다는 것이 놀라웠다. 물론 회사 현관에는 24시간 출입을 확인하는 사람이 있고, 그곳에서 언제나 출입자의 신원을 철저하게 확인한다. 각 사무실 입구에도 신분 확인을 위한 출입 통제 장치가 있다. 여기에 직원들은 자신의 출입증을 사용해 신분을 인증한다.

외부 사람이 들어오기 쉽지 않다. 만일 들어왔다고 하더라도 무언가를 하기란 어렵다. 직원들이 퇴근한 뒤에는 컴퓨터를 켤 수도 없다. 즉 시설에 대한 최소한의 보안은 되어 있다고 볼 수 있다. 그렇지만 누군가 작심하고 출입구를 통과하려면 방법을 찾을 수 있다. 사무실의 출입문 인증도 방법을 찾으려면 찾을 수 있을 것이다. 문을 열고 들어왔는데 서류함이나 서랍이 열려 있었다면, 또 거기에 외부에 나가면 안 될 자료가 있었다면 문제는 걷잡을 수 없이 커진다. 게다가 컴퓨터까지 켤 수 있는 상황이 된다면 회사의 보안은 이미 물 건너간 셈이다.

정보보안은 의도적으로 보안을 우회하려는 시도들, 그리고 정상적인 절차 안에 잠재된 약점들을 찾아 점검한다. 행동 시나리오를 분석해서 위험성이 높은 부분부터 대응하는 방안을 마련한다. 정보보안의 점검은 모든 것이 제대로 되어 있는지를 살펴보는 일이다. 실제 점검하다 보면 입으로 말로만 어떻게 되어 있다고 설명하려는 사람을 본다. 내가 확인했으니 점검할 필요가 없다는 뜻이다. 근무 시간 중에 하는 점검은 점검받는 조직의 직원과 함께 움직일 수밖에 없다. 이렇게 점검하다 보면 다양한 간섭으로 점검에 어려움을 겪는다. 점검자에게는 사용자들이 모든 직무를 마치고 퇴근해 작업 공간이 비어 있는 상황이 되었을 때가 가장 좋다.

총무부 시설 보안 점검에서 아이디어를 얻어 우리도 불시 점검을 하기로 했다. 마치 뒷조사를 하는 것 같은 방식을 좋아할 사람은 없으니 불시 점검에 대한 반발은 충분히 예상되었다. 하지만 보안에 효과적이라면 감내할 수 있는 일이었다. 만약 보안에 대한 경각심이 느슨해졌다면 불시 점검은 긴장감을 높여줄 수 있을 것으로 기대했다.

회사 안에서 취약할 것으로 예상되는 곳, 대표적인 예로 외부인이 들어와서 작업하는 프로젝트 공간부터 불시 점검을 시작하기로 했다. 이후 전산시스템 관리와 운영을 담당하는 곳까지 점검했다. 장소 선정 후에는 특성에 맞게 점검할 항목들을 준비하고, 일정이나 시간에 대해서는 철저하게 보안을 유지했다. 예상대로 불시 점검은 순식간에 소문이 나서 지독한 사람들이라는 이야기와 너무하는 것 아니냐는 불평도 들렸지만 그것은 잠시였다. 모두가 자기 업무를 점검했고 약점은 남기지 않고 정리했다. 이 정도면 보안 의식 강화라는 목표를 훌륭하게 달성한 것이었다.

모두가 퇴근한 시간에 보안 인력은 퇴근하지 않고 현장을 방문해서 점검했다. 물론 해야 할 일이기 때문에 한 것은 맞다. 회사의 보안 수준을 높이고 안전한 회사를 만들기 위한 마음이 있었기에 기꺼이 했다고 해야 할 것이다. 불시 점검 결과를 CEO에게 보고하는 것은 보안에서는 아주 중요하다. CEO가 관심을 가져야만 회사의 정보보안 수준이 높아질 수 있다.

책임자 교육도 중요하다

보안 책임자가 된 다음 1년쯤 지나 금융보안원에서 금융권 CISO를 대상으로 보안 최고위 과정을 신설했는데 이 프로그램을 이수한 적이 있었다. 당시 같은 업계 인사들끼리 교류가 있었는데 은행·증권·보험·캐피탈·저축은행 등 금융권 전체가 함께하는 프로그램은 처음이었다. 교육은

6개월 동안 매주 한 번씩 있었고, 교육을 마친 뒤에도 원우회를 결성해 정기적으로 만나 각자의 업무와 살아가는 이야기를 했다.

무엇보다 금융 보안과 관련한 사고 정보가 아주 정확하게 공유되었다. 모두 대단한 정보 수집 능력을 갖추고 있었다. 또한 한 배를 탔다는 공감대가 형성되어 있었다. 이들 덕분에 나는 금융권 전체를 바라보는 시각을 갖게 되었다. 그리고 코로나19로 재택근무가 이슈가 되었을 때 회사의 재택근무 시스템 구축에 모임 멤버들의 도움을 받을 수 있었다. 각자 분야들이 다양했던 까닭에 그러한 시스템 구축 경험을 공유했다.

금융 CISO 교육은 훌륭한 강사들을 섭외해서 금융 보안의 세계를 폭넓게 이해하도록 했다. 이 대단한 강사진의 교육과정으로 도움이 되는 사람들을 수월하게 만날 수 있고, 필요한 질문도 할 수 있었다. 이런 교육은 될 수 있는 대로 적극적으로 참여하는 것이 좋다. 강의 내용도 좋지만 다양한 분야에 있는 사람들과 교류하는 시간을 가질 수 있는 것은 정말 소중하다.

이런 교육과 활동뿐만 아니라 CISO는 업무 수행을 위해 학습을 게을리하면 안 된다. 정보보안과 관련된 세미나 참석, 금융보안원 등에 있는 업계 전문가를 통해 배우는 일, 금융과 보안에 관련된 잡지 구독, 사례 분석 자료를 찾아서 읽기, 관련 기관에서 발행한 보고서 구해 읽기, 출간된 보안과 관련된 각종 서적 탐독 등 학습의 방법은 무궁무진하다. 이

뿐만이 아니다. 인간에 대한 이해를 넓혀주는 소설책과 처세를 알려주는 중국 고전 병법서를 읽는 것도 적과 나를 판단하고 전략을 세우는 일에 도움이 된다. 모든 일이 그렇지만 정보보안 일도 늘 생각하고 배우고 방법을 궁리하면서 해나가야 한다. 그냥 습관으로 일해서는 안 된다. 정보통신 분야는 기술 혁신과 변화가 심한 곳이기에 더욱 그렇다.

3장

CIO
임원 시절

1. CIO의 일거리

나는 CISO로 4년 일하고 나서 CIO^{Chief Information Officer}(최고정보책임자)로 자리를 옮겼다. CISO 직무만 4년 수행한 것도 절대 짧지 않은 경력이었는데, CISO로 있다가 CIO로 간 것도 흔하지 않은 일이었다. 아무튼 내 직장 생활 대부분이 IT 기획이었으니 CIO는 원대 복귀와도 같았다. CIO는 정보와 정보기술을 담당하는 임원으로 IT 업무를 총괄한다.

회사에서 중요한 자리에 사람이 바뀌면 보통 전임자가 한 일을 다 부인하는 일부터 시작하는 경우가 많다. 그러면 일의 연속성이 사라진다. 기업이 특정인에 의해 좌우될 수는 없다. 대기업은 더더욱 그렇다. 그런 무리한 일이 쌓이다 보면 기업은 회복 불가능한 수준이 되어 망할 수도 있다. 나는 전임자가 한 일을 건드리지 않고 그대로 다 인정하기로 했다. 특별히 달라질 일은 없었다. 그대로 진행하면서 상황과 추이를 보고 대응하면 될 일이다.

먼저 불만을 잠재우자

CIO가 되고 나서 우선 회사 IT에 대한 사용자 의견에 집중했다. 3개월마다 현업 관계자를 모아 시스템에 관한 사용자의 의견을 들었다. 그때마다 회사 IT에 대한 불만이 하늘을 찌를 만큼 컸다. 나는 이것만큼은 반드시 해결하고 지나가야겠다는 생각이 들었다.

내가 생각한 해결책은 '회사에 IT 시스템이 왜 필요한가'라는 질문에서 시작하는 것이었다. 가령 우리 회사에 세상에서 가장 성능이 뛰어난 컴퓨터를 갖다 놓는다고 해도 사용자들의 불만이 전부 해소되는 것은 아닐 터였다. 전산 조직이 존재하는 이유는 사용자들이 현재의 IT 시스템을 이용해 자신들의 일을 최대한 능률적으로 수행하게 하는 것이었다.

사실 그동안 사용자 의견 청취가 충분하지 못했다. 사용자의 불만은 많은 경우 의사소통과 경청으로 상당 부분 해소된다. IT 조직에 개발자를 부족하지 않게 두기에는 어려움이 있다는 점을 사용자들도 모르지는 않을 것이다. 다만 그들은 자신들의 이야기를 들어주고 함께 방법을 찾기를 바랄 뿐이다. 나는 개발자들에게 현장에서 원하는 시스템은 무엇인지에서부터 희망하는 개발 완성 시기까지 사용자들의 이야기를 먼저 다 듣도록 했다. 그다음에 언제까지 가능할까는 내부에서 의견을 나누어 정리한 다음, 현장 사람들을 다시 만나 설명하고 그들의 의견을 듣도록 했다. 무엇보다 3개월에 한 번이 아니라 담당하는 분야별로 최소한 월 1회 이상 모이도록 했다. 그렇게 석 달이 지나자 부정적인 이야기가 거의 들리지 않게 되었다. 일이 전과 다르게 진척된 것도 아니었지만 이야기하고 소통하는 것만으로 불만은 사라져 버렸다.

이로써 사용자들과 분위기가 아주 좋아졌다. 사용자의 만족도가 올라갈수록 IT의 가치는 높아지고, 사용자의 칭찬으로 IT는 스스로 자랑스러워할 수 있다고 믿었다. IT는 사용자를 위해 존재하는 것이다. 따라서 언제나 사용자와 함께해야 한다. 당연히 시스템 개선에 그들을 참여시키고 함께 고민하며 만들어 가야 한다.

IT는 사용자를 위한 서비스다

IT 종사자는 개발 작업을 완료한 다음에는 언제나 평가를 받게 된다. 성과를 수치로 따지는 정량 평가도 있고 만족도 조사와 같이 정성적인 평가도 있다. 피드백은 평가와 다른 말이지만 역시나 평가의 의미를 담고 있다. 프로그램 개발 작업이 끝나면 테스트를 거쳐 사용자에게 인계된다. 사용자는 프로그램을 사용하면 곧바로 이 프로그램, 즉 시스템에 대해 사용성 면에서 이야기한다. 어떤 내용이든 그것은 곧 그 작업에 대한 평가다.

IT 업무를 하는 사람은 사용자의 진짜 이야기를 들으려고 해야 한다. 회사에서 IT 조직의 핵심적인 임무는 사용자들의 업무적 성공을 위한 서비스를 제공하는 것이다. 따라서 성능 좋은 컴퓨터와 각종 장비들 그리고 그를 활용해 프로그램을 개발하고 운영하는 사람들은 사용자의 업무 목적 달성을 위해 최선을 다해야 한다.

IT 조직은 다른 사람들이 근무 중인 시간에도 일을 하지만, 대부분의 작업은 다른 사람들의 퇴근 시간 이후, 시스템 사용이 멈춘 시간대에 진행한다. 시스템이 사용 중일 때 할 수도 있지만, 사용자들의 업무에 방해될 수 있고 또 시스템에 더 큰 문제가 발생할 수도 있기 때문이다. 주말에는 규모가 크고 시간이 더 많이 걸리는 작업을 한다. 4, 5일쯤 소요되는 아주 큰 작업은 보통 설날이나 추석 같은 명절 연휴 기간에 한다. 남들이 쉴 때 밤을 새우며 작업하는 것이 이 직종의 운명이다. IT 업무는 영업 부문처럼 숫자로 실적이 나타나는 일이 거의 없다. 눈에 보이지 않는 상황에서 일이 진행되고, 대개 완료 후 결과가 간접적으로 전달된다.

음지의 수고를 인정해 주는 사용자들의 말이 고맙게 들릴 수밖에 없다.

언제나 동네북이 될 수 있다

IT 시스템은 사용자를 위한 것이지만 현장 업무에서 사용자의 단골 핑 곗거리가 되기도 한다. 어디서 무엇이 잘못되면 전산 때문이라고 말하는 경우가 많다. 실적이 안 나오거나 어떤 민원이 제기되면 해당 부서에서 먼저 그 원인이 전산 때문이라고 보고한다. 항상 어디서인가 핑계를 찾는다면 대부분 그 이유로 말해지는 것이 시스템이었다. 영업 실적이 나오지 않아도 전산이 문제라 하고 실적을 더 올릴 수 있었는데 전산이 문제라 못 했다는 말까지 한다. 전산이 문제라고 결론이 나면 전산 임원이 불려 가 추궁을 받는 상황이 된다.

IT 시스템에서의 문제는 크게 두 가지를 생각할 수 있다. 먼저 컴퓨터나 네트워크 장비, 각종 설비 문제로 발생하는 장애가 있다. 계약을 진행하고 업무를 완료해야 하는데 시스템이 정상 작동을 하지 않아 일을 못 했다면 분명히 시스템 문제다. 하지만 이런 일이 자주 발생하지도 않고 또 온종일 멈춰 서 있는 경우도 거의 없다. 아주 드물게 몇 시간 정도 장애가 있을 수 있지만 그것도 몇 년에 한 번꼴로 생기는 일이다. 그런데 그마저도 일정 시간이 넘어가면 감독 기관에 보고해야 하므로 특히 IT

조직에서는 조심한다. IT 장애 예방을 위한 노력은 상상 이상이다.

다음으로 업무에서 사용하는 프로그램과 관련된 문제가 있다. 업무용 프로그램 개발 과정에는 지켜야 하는 일정이 있다. 회사에서 프로그램을 사용하려는 일정에 맞추기 위해 개발자들은 노력한다. 그런데 만일 일정을 맞추지 못하면 낭패를 보고, 개발자는 책임을 면할 길이 없다. 하지만 개발자가 일정을 지키지 못한 것만이 문제가 아니라 다른 게 또 있다면 이야기는 달라진다.

개발자는 처음 시스템 개발을 협의할 때 일정도 같이 합의했기에 시간을 맞춰야 한다. 능숙한 개발자는 개발 과정에서 필요한 모든 시간을 고려하므로 예외적인 상황이 아니라면 일정을 늦추는 법이 없다. 그럼에도 일정 지연이 발생하고 개발 결과물의 품질까지 문제 삼는 데는 다른 명확한 이유가 있다. 개발자는 업무 담당자가 개발 요구 사항을 완벽하게 정리해서 주기를 바란다. 업무 담당자도 일의 순서를 알기에 최대한 노력해서 정리했을 것이다. 처음에는 순조롭게 진행되고 정해진 날짜에 완성될 것으로 기대한다.

그렇지만 다양한 관계자와 개발 협의를 계속 진행하다 보면 업무 내용이 바뀌고 늘어나기 쉽다. 그래서 처음에 정리했던 개발 요구 사항이 늘어나게 된다. 요구 사항이 늘어나면 개발 범위도 따라 늘어나 일정도 늘어날 수밖에 없다. 그러면 처음 합의했던 일정을 맞추기 어려워 일정을 조정하게 된다. 그런데 업무 담당자 위에 있는 상사가 언제까지 반드시 해야 한다고 요구하면 달리 방법이 없다. 개발자가 야근이나 주말 근무로 일정을 맞추도록 하거나 아니면 일부 기능은 미루게 된다. 그것도 안 되면 일단 오픈을 먼저 하고 나중에 부족한 부분을 보완하는 방법을 쓴다. 어떻게 하더라도 개발된 프로그램의 품질 문제는 비껴갈 수 없다.

당장 사용해야 하는데 일정이 미뤄지거나 품질이 떨어지는 프로그램을 사용하게 되면, 현장에서 여러 가지 불만이 나오게 마련이고 그 불만을 윗선에까지 보고하기도 한다. 내부에서만 있는 일이라면 그런대로 감당할 수 있겠지만, 다른 조직과 협업해야 하는 상황이라면 심각한 상황이 벌어질 수도 있다. 그래서 전후 사정은 사라지고 결과만 중요한 상황이 되어 개발자만 욕을 먹게 된다.

사용자와 IT가 평소에는 분위기가 좋다가 갈등을 불러일으킬 수 있다. 이러한 상황이 발생하지 않도록 잘 관리해야 한다. 개발자는 책임이 없다고 주장할 수 있다. 하지만 IT는 사용자의 업무를 성공시키기 위해 있는 것이기에 대놓고 그렇게 말할 수는 없다. 지원 업무인 IT 개발 쪽의 고충도 만만치 않다. 프로그램은 사용자와 개발자가 함께 만들어 가는 것이다.

사용자와는 대화로 해결을

IT 일을 하다 보면 미처 처리하지 못한 개발 업무가 있는데 이를 백로그backlog라 한다. 사용자가 개발자에게 프로그램 개발을 요청하고 요구 사항을 전달한다. 개발자는 최대한 사용자가 원하는 시간에 맞추어 개발을 완료하려 하지만 처리가 가능한 수준을 넘어서는 요구라면 대응하기 어렵다. 또는 요구하는 물량이 많거나 개발 인력에 제약이 있으면 처리하지 못하고 남아 있는 일이 있게 마련이다. 이런 백로그에 대한 사용자 입장은 단순하다. 빨리 해결해서 자신이 필요할 때 쓰게 해달라는 것이다.

하지만 IT 개발 입장에서도 인력이 무한한 것도 아니고 일이 한꺼번에 몰리는 때도 있다. 사정이 이러하니 사용자가 자기 것만 빨리 해결하라는 요구가 이기적인 것일 수도 있다. 이런 경우가 CIO로서 직면하게 되는 답답한 상황이다. 여하튼 입장의 차이가 있으니 서로 윈윈할 수 있는 길을 찾는 것이 좋다. 이럴 때는 만나서 서로 필요한 것이 무엇인지를 확인하는 대화를 한다. 대화를 통해서 상황을 확인하고 대안을 함께 고민해야 한다.

먼저 향후 필요한 전체 개발 요구 물량을 짧게는 3개월, 길게는 1년 정도 기간으로 정해 정리해 달라고 한다. 이런 요구를 받은 사람은 싫을

지 몰라도 일을 길게 또 자세히 봐야 개발에 어떤 사람이 필요하고 언제 사람을 추가로 동원해야 하는지 그 시점도 함께 찾아낼 수 있다. 그다음 우선순위를 정해달라고 한다. 누구나 자기 일이 가장 먼저 중요하겠지만 부서나 본부 단위로 보면 우선순위가 나오고 담당 부장이라면 순서를 정할 수 있다.

이렇게 크게 보면 중복된 요구도 보이고 회사나 본부 또는 부서 차원에서 우선순위도 정할 수 있다. 이것이 정리되면 개발자의 개발 역량을 감안하고 물량과 일정을 고려해 계획을 다시 세울 수 있다. 나아가 향후 전산 개발 요구에 대한 예측도 가능하다. 그리고 나서 진행 상황을 살핀다. 이렇게 살피고, 관리하고, 정리하고, 대안을 찾는 과정에서 현업을 하는 사람들과의 대화가 깊어진다. 현업에서 요청한 정리 물량을 몇 달에 걸쳐 수행해 최종적으로 다 해결해서 백로그가 사라지는 순간이 오면 날아갈 듯한 희열을 느낀다.

사용자는 이런 과정을 통해 전산 개발의 현실을 이해하고 전산 조직도 노력하고 애쓴다는 사실을 알게 된다. 그저 자신의 불만만 마구 내세울 수 없음을 이해하게 된다. 개발 조직 또한 사용자 입장을 더 깊이 이해할 수 있다. 세상에서 말하는 소통이라는 효용성은 이런 것이 아닌가 싶다. CIO는 사용자와 개발자 전체를 보고 살피는 노력을 해야 한다. 무엇보다 앞장서서 문제를 해결하는 것이 좋다.

시스템의 경쟁력이란

CIO에게는 회사에서 사용하는 시스템의 경쟁력 확보가 중요한 임무다. IT 시스템의 경쟁력이라 하면 여러 가지가 있지만, 우선 사용자가 빠르고 편리하게 사용할 수 있는 것이 제일이다. 사용자들은 자신이 쓰는 시스템과 다른 회사 시스템을 곧잘 비교한다. 영업 현장에 나가면 현장 사람들은 여러 회사 시스템 가운데 어느 것이 더 사용하기 편한가를 이야기한다. 시스템 비교는 응답 속도, 장애 해결, 문제 해결 및 지원 등 전반적인 비교다.

시스템이 경쟁력을 갖추기 위해 가장 중요한 사항은 사용자가 시스템에 대한 요구 사항을 정확히 정리해서 개발자에게 주는 것이다. 프로그램 개발자는 요구 사항을 충실하게 반영하는 것에서 한 발짝도 더 나아갈 수가 없다. 사용자가 원하는 것까지 미리 속속들이 알아서 잘 만들어 줄 수는 없는 일이다. 무엇보다 먼저 사용자가 요구하는 수준과 내용이 시스템의 품질을 결정한다.

사용자는 시스템을 평가하고 피드백한다. CIO는 사용자의 평가에 예민하게 대응하는 자세로 시스템 경쟁력을 갖추도록 힘써야 한다. CIO는 회사의 비즈니스 목표를 파악해 연간 사업계획이나 중장기 사업계획을 세밀하게 분석한다. 사업계획 안에는 세부 사업과제가 있으며, 이를 분석하면 IT 조직이 지원해야 할 과제가 무엇인지 알 수 있다.

최근에는 IT 지원을 해야 추진할 수 있는 과제들이 계속해서 늘어 나고 있다. 어떤 경우는 과제 전체가 IT 지원을 전제로 계획된 것일 수도 있다. 이제 CIO는 어떻게 그것을 지원할 것인가를 구상해야 한다. IT 지 원을 위해서는 IT 조직도 자체 지원계획이 필요하다. 그것이 '정보전략 계획Information Strategy Planning, ISP'이다. 이 정보전략계획은 외부 전문 업체와 공동으로 수립할 수도 있고 독자적으로 수립할 수도 있다.

정보전략계획을 수립하고 나면 CIO는 실행을 위한 역량을 갖추어 야 한다. 전략 가운데 가장 먼저 할 일은 최고의 인력을 확보하는 것이다. 꼭 필요한 인력을 조사하고 선발해서 실제로 일할 수 있게 해야 한다. 인 재 양성에는 인내가 필요하다. 당장 조급하게 눈앞의 성과를 기대하기보 다는 충분한 시간을 주어 경험하고 훌륭한 인재로 성장할 수 있도록 배 려해야 한다.

회사의 미래, IT의 미래

회사의 사업계획 가운데 중장기 계획은 앞으로 3년에서 5년을 위한 계 획이다. 요즘은 이런 계획을 수립하지 않는 회사가 많다. 환경의 변화가 빠른 세상에서 3년이나 5년 앞은 예측하기 어렵기 때문이다. 그보다는 현실을 파악하고 신속하게 실행하고 과정에서 미흡한 것이 있으면 보강하는 것이 더 낫다고 한다. 실제 중장기 계획의 이행 성과를 살펴보면 이를 알 수 있다. 대략 2년까지는 실행률이 80% 가까이 되지만, 2년이 지나면 50% 이하로 떨어진다.

그렇다 하더라도 중장기 계획은 여전히 필요하다. 회사에는 실적이라는 목표가 있다. 잘하고 있다는 것을 보여주는 실적은 1년 단위로 평가한다. 올해와 내년이 어떻게 될지 알 수 없는데 3년, 5년은 생각하기 쉽지 않다. 그러나 회사란 몇 년 있다가 사라질 조직이 아니다. 하던 사업을 지속해야 하는 책임과 의무가 있다. 그래서 꾸준히 실적을 올릴 방법을 모색해야 하고, 더욱 멀리 목표를 설정하기 위한 계획이 필요하다.

회사에 먼 앞날의 계획이 있다면 IT 또한 이와 다르지 않다. IT의 중장기 계획에 가장 필요한 것은 앞으로의 흐름 파악과 대응책이다. 이를 중장기 IT 전략이라 한다. 명확한 업무계획이 만들어지면 그것을 기초로 IT 지원계획을 세운다. 어떤 경우는 두 계획을 한꺼번에 만들기도 하는데, 이는 효과적인 방법이 될 수 있다. 중장기 계획을 새롭게 수립하는 데는 3개월에서 5개월이 걸리고, 여기에 IT 지원계획을 동시에 수립하는 것이다. 가끔 IT 계획을 미리 세워 엇박자가 나기도 하는데 이는 임시직인 CIO가 의욕만 앞서 무엇이든 먼저 하려 하기 때문이다. 회사의 목적이 나오기도 전에 지원계획을 세우는 것은 무리수다.

회사의 경영전략이 수립되고 나면 IT 조직은 어떻게 지원할까를 고민한다. CIO 혼자서 고민할 것이 아니라 직원들과 함께 중장기 전략계획을 읽고 토론하고 집중할 분야에 대한 방향을 잡아야 한다. CIO의 리더십은 이때 필요하다. 직원들이 현재 업무도 보면서 미래의 업무에 관심을 가지도록 해야 한다. IT 중장기 계획을 세우고 나면 자연스럽게 미래를 생각하며 일할 수 있는 그룹이 만들어진다. 계획 수립에 참여한 사람이 다른 직원과 내용을 공유하면 범위는 더 넓어진다.

중장기 계획은 수립 직후에는 합당한 내용이 많으므로 의욕적인 추진이 가능하다. 하지만 시간이 흐를수록 계획과 현실이 맞지 않을 수 있다. 그럴 때 계획을 다시 살펴보고 재평가해 다시 정리하는 것이 좋다. 계획은 지속해서 수정하고 보완해야 한다. 이런 계획의 조정을 CIO가 나서서 해야 한다.

2. CIO의 권한과 책임

대기업 CIO는 장비와 소프트웨어 업체들로부터 집중적인 관심을 받는다. 당연히 이들 업체의 주요 고객인 대기업에서 구매를 결정할 때 CIO가 실질적인 권한을 행사한다고 생각하기 때문이다. 자기네 회사 제품에 대해 대기업 CIO의 평판이 좋지 않으면 구매 가능성은 이미 희박한 셈이다. 따라서 CIO가 자기 회사를 대폭 지지하는 것까지는 몰라도 최소한 나쁘게 보지 않도록 애쓴다.

업체들은 CIO를 만나기 위해 백방으로 노력한다. 가장 흔한 것은 은퇴한 임원, 은퇴한 지인들과 같이 나타나는 방법이다. 그 자리에서 골프나 취미 생활 같은 이야기를 나누다가 약간 통한다 싶으면 이를 연결

고리로 삼아 만남을 이어가려고 한다. 이런 일이 지속되다가 피곤한 상황을 겪기도 한다.

구매는 절차를 지켜서 해야

나는 요즘에는 기업에서 임원이 모든 일을 다 결정한다고 생각하지 않는다. 과거에는 아주 높은 분들이 특정 사업을 지목해서 어느 업체를 선정해 일하라는 식의 지시를 하던 때가 있었다. 실무자가 반발하면 경영진의 지시를 왜 거부하느냐며 책망까지 하면서 강권했다.

정상적인 절차와 방법을 따르지 않으면 무리한 결과가 나타난다. 나는 이런 일을 손가락으로 다 세지 못할 정도로 많이 겪었기 때문에 그런 정황을 누구보다 잘 안다. 외부의 도움이 필요한 사업을 추진하기 위해서는 먼저 회사가 하고자 하는 일이 무엇인지 목표와 내용을 정리하고, 그 일을 잘할 수 있는 사업자를 찾아야 한다. 사업자의 설명을 듣고 회사가 하고자 하는 일을 성공적으로 할 수 있는지를 확인한다. 그다음 제안요청서를 발송하며 사업자 선정에 착수한다. 역량 있는 업체 가운데 선정하는 것이니 어려운 일은 없다. 하지만 선정한 업체의 역량이 모자라면 실무자의 고통이 시작된다.

어떤 사업이든 혼자 결정해서 할 수 있는 일은 거의 없다. 대부분 이해관계 조직과 협의를 통해 추진한다. 무리한 결정을 내리려면 이해관계 자들에게 사전에 설명하고 양해를 구해야 한다. 이런 까다로움이 있는데도 비정상적인 결정이 이루어지는 경우가 많다. 새로이 회사에 입사한 직원들은 그러한 방식의 일에 대해서 아주 부정적이다. 이제는 대기업 업무에서도 실무자가 대세인 세상이다. 원칙적으로 일의 진행은 실무자가 하는 것이 맞다. 목표와 방향을 제시하고 실행은 실무자에게 맡겨주는 것이 바람직하다. 예전에는 CIO가 모든 일을 주무르고 결정했지만 지금은 그렇지 않다.

우리 일을 수주하는 회사는 대개 절차도 잘 알고 있다. 구매에서 발주 절차는 중요하다. 실무진에서 기본적인 검토를 하고 와서 제안을 요청하며, 그 뒤에 제안서 심사와 평가를 수행한다. 업체 선정은 평가 결과와 제안 가격을 종합해 결정한다. 기본적인 절차는 시간이 소요되지만, 공정하고 투명한 의사결정을 할 수 있는 장점이 있다.

수주를 원하는 회사는 실무자를 찾아와 자주 만나야 한다. 구매를 진행하는 실무자는 찾아와서 묻는 사람에게 대답하지 않는 경우는 거의 없다. 수주 업체는 기술평가를 통해 요구 수준이 되는 업체 중에서 결정한다. 이 기술평가를 잘 받는 회사가 결과도 좋다. 발주자는 해당 사업을 성공적으로 수행할 수 있는 능력으로 업체들을 평가한다. 다시 말하면 요구 사항을 이해하고 작업 수행이 가능할 것인지를 묻는 것이다. 고객이 하고자 하는 것을 명확하게 이해하는 일이 먼저다.

결국 사업자의 선정 문제 같은 것은 언제나 문제가 불거질 수 있기에 업무 진행 체계를 확실하게 세우는 것이 가장 좋다. 나는 감독 기관의 편람에 의거해 공정성과 투명성을 보장하는 의사결정 체계를 수립했다. '전산운영위원회'를 설치해 업체 선정에서 정실의 요소가 근본적으로 개입할 수 없도록 만들었다. 이렇게 변화하는 환경에 맞추어 절차와 프로세싱의 체계를 갖추는 것이 임원이 앞장서서 해야 할 일이다.

나는 감독 기관이 권유하는 사항을 읽고 적극적인 자세로 데이터와 프로그램 변경 절차 개선을 했다. IT에서 프로그램이나 데이터를 변경할 때 사전 승인을 받고 기록을 남기게 한 것이다. 절차와 통제를 거치지 않는 변경은 자칫하면 금융 사고를 불러일으킨다. 또 시스템을 구축하고 보안성 심의를 받은 다음에 사용하도록 한 것은 감독 기관의 상찬까지 받았다. 이렇게 임원은 늘 업무 체계 개선을 생각해야 한다.

임원은 누구를 만나나

CIO는 납품을 위해 찾아오는 업체 사람과의 만남을 피할 수는 없다. 그런데 어느 정도 선에서 만날지를 결정하는 것도 쉽지 않다. 나는 한때 업무를 통째로 이관하는 회사의 방침에 따라 잠시 자회사에 적을 둔 적이 있었다. 내가 하는 업무는 달라진 것이 없이 소속만 달라졌다. 본사에서 근무할 때는 찾아오는 사람이 많았지만, 자회사 소속이 되자 연락하는 사람이 없었다. 세상 세태가 원래 다 그런 것으로 생각하면 된다. 그러나 스스로 당사자가 되었던 느낌은 달랐다. 우여곡절을 겪고 다시 원래 회사로 복귀하니 다시 여기저기서 연락이 오기 시작했다. 그래서 내가 만나서 부탁할 일이 없는 업체는 되도록 만나지 않는다는 원칙을 정했다.

사람들은 누구나 갑의 위치에 있으면서 을에게 머리를 숙이고 부탁하는 것은 싫어한다. 임원은 더더군다나 그런 일을 하지 않으려고 한다. 하지만 임원이 부탁하는 자세를 취하면 결과는 완전히 달라진다. 회사 업무를 하다 보면 을에게 부탁해야 할 것이 가끔 있다. 계약 이외에 교육이나 세미나, 진단 같은 것들이다. 임원이 도와달라고 '부탁'하면 잘 들어준다. 어떤 회사의 임원이 자기에게 당연한 것처럼 요구하지 않고 도와달라고 해서, 해주지 않아도 될 것을 어쩔 수 없이 하게 된다고 말하기도 했다. 실제 업무에서 태도란 이렇게 중요한 것이다.

나는 업체와의 만남을 최소화하는 대신에 업계 모임에 눈을 돌렸다. 10개 이상의 다른 동종 회사 사람들과의 만남을 정례화했다. 모임 구성원들과 이해관계가 없었기에 부담도 없었고, 업계의 이야기를 중심으로 다양한 화제를 올릴 수 있었다. 가끔 업체 평가도 했기에 다면적인 업계 현실을 볼 수 있었다. 이해관계가 없기에 취미나 개인 이야기를 해도 불편함이 없었다. 같은 업계 외에 다른 금융권 사람들과도 교류하는 기회를 만들었다.

임원은 만나야 할 사람들이 많다. 누구를 만나냐 하는 것은 중요한 일이다. 나를 필요로 해서 찾아오는 사람도 만나야 하겠지만, 내가 만나야 할 사람들을 보는 시간을 더 갖는 것이 바람직하다. 내가 필요해 나를 만나러 오는 사람만 만나면 피곤해지기 쉽고, 얻는 소득도 없이 괜한 오해를 살 수도 있다. 늘 만나는 사람 말고 잘 찾아보면 오히려 의외의 만남에서 자신의 업무 역량을 강화할 수 있다.

경쟁사에 대한 관심

임원이 되면 자신이 속한 회사뿐 아니라 경쟁사에도 관심을 가져야 한다. 더구나 현장에서 직접 맞부딪치는 경쟁사라면 관심을 안 가지려야 안 가질 수 없는 경우가 왕왕 생긴다. CIO로서는 경쟁사 시스템에 특히 관심이 갈 수밖에 없다. 언젠가 "경쟁사는 좋은 시스템을 만들어 고객에게 칭찬받고 있는데 우리는 뭐하냐"라는 질책을 받은 적도 있었다. 경쟁사에서 우리 회사 시스템을 보고 배운 다음 새로운 시스템을 만들었는데 그렇게 개발된 시스템에 우리 회사보다 나은 기능이 몇 가지 있어서 사용자로부터 좋은 평가를 받았기 때문이었다. 사용자가 그 시스템을 좋아해서 그 회사 실적이 좋아지고 있으며 반대로 우리 회사는 뒤지고 있다는 현장의 이야기가 있었던 것이다. 곧 회사에서 사용하는 시스템을 신속하게 개선해서 경쟁력을 높이라는 지시나 마찬가지였다.

시스템 경쟁력이 타사보다 못하다는 것은 신속하게 해결해야 할 중요한 문제다. 경쟁력 있는 시스템 개발은 새로운 요구가 먼저 정리되어야 한다. 시스템이 경쟁력을 갖는 가장 중요한 조건은 다른 회사와 차별화된 요구를 해야 한다는 것이다. 물론 응답 속도나 장애 예방 등의 환경도 경쟁력에 포함되지만 이것은 IT 조직 자체로 해결할 수 있다.

상황이 이쯤 되면 경쟁사 현황 파악을 시작해야 한다. 경쟁사 직원에게 직접 물어보는 것이 가장 빠른 방법이지만 요즘은 자신의 기밀을 쉽게 알려주지 않는다. 그렇다면 경쟁사 시스템을 사용하고 있는 사용자를 만나서 알아보는 것이 가장 빠르다. 무엇보다 사용자는 여러 회사의 시스템을 사용한 경험이 있기에 차이에 대해서도 잘 알고 있다. 그러나 사용하는 프로그램을 조사하는 것만으로는 경쟁사 움직임을 다 알기 어렵다.

그래서 경쟁사 시스템을 개발한 조직이나 사람을 찾는 것이 가장 좋다. 경쟁사 직원은 이해 당사자이기 때문에 말을 할 수 없어도 해당 시스템을 개발하거나 개발에 관여했던 사람은 상세한 질문에도 대답을 해줄 수 있다. 다만 조사하는 사람은 상대방의 입장을 배려해 보안 유지에 신경 써야 한다.

여러 각도에서 정보를 모아보면 경쟁사가 어떤 생각으로 무슨 일을 했는지 그림을 그릴 수 있다. 이 결과를 토대로 실제 일하는 조직과 차별화 방안을 수립한다. 경쟁사의 상황을 알았으니 꽤 오랜 시간 동안 경쟁사가 따라올 수 없을 정도의 새로운 것을 만들면 된다.

이런 경험을 하게 되면 경쟁사 동향에 대해 촉각을 세우게 된다. 경쟁사 동향은 사실 도움이 될 수도 있지만 도움이 안 될 경우도 많다. 이는 회사마다 상황이나 문제점이 다르기 때문이다. 그러나 경쟁사의 동향은 CIO를 긴장하게 하고 자극한다. 시장에서 경쟁은 기본이기에 경쟁사의 움직임을 아는 것은 매우 중요한 일이다.

자회사와의 관계

일정 규모가 넘는 대기업에는 보통 자회사가 있게 마련이다. 이렇게 자회사를 두는 이유는 여러 가지가 있겠지만, 전문성 확보나 비용 절감, 또는 인사 조직의 유연성 부여나 다른 사업 영역의 확보 같은 이유 때문이다. 나는 자회사에 다니기도 했고, 가장 오래 일한 회사도 자회사를 두고 있었으며, IT 업무를 하는 자회사에도 있었다. 나는 CIO로서 자회사와 관계 유지를 잘해야 하는 위치에 있었다.

자회사는 본사의 IT 업무 지원이 가장 중요한 일이었다. 하지만 이뿐 아니라 모회사의 테두리에서 벗어나 다양한 IT 사업을 추진할 수도 있다. 모회사에서 사용하는 IT 기술과 관련된 지식과 경험을 바탕으로 새로운 사업을 개척할 여지가 있다. 그러면 사업 영역은 확장되고 전체 고용도 늘어난다. 사업 범위가 넓어지면 기술도 쌓이고 영역도 확장된다. 나이 든 직원이 새로운 기회를 얻을 수도 있다. 자회사에서는 IT 영역에서 제한 없이 다양한 작업을 실험할 수도 있고, 개발과 운영이라는 영역에서 평생을 보내야 하는 사람들에게 새로운 기회가 찾아올 수도 있다. 물론 현실적으로 성공한 사람들이 생각처럼 많지는 않다.

모회사 시각에서 볼 때 자회사의 역할은 아주 중요하다. 그래서 모회사의 담당 임원은 자회사가 성장할 수 있도록 관심을 두고 지원한다. 금융은 규제 산업이라 지원에 제약이 있을 수 있다. 하지만 법 규정을 위반하지 않는 범위에서 협력하고 지원하는 방법은 많다. 회사는 성장하지 않으면 의미가 없으며 기업의 성장이란 바로 매출이 늘어나는 것이다.

새로운 사업을 벌일 때 기회를 주는 방법이 있다. 물론 다른 회사에도 공정한 경쟁이라는 틀 안에서 기회를 주는 것이 맞다. 다만 자회사가 모회사의 업무를 가져갈 기회가 훨씬 더 많다. 그런데 아쉽게도 이런 기회를 살려 자회사 일로 만들지 못할 때가 있다. 가장 심한 경우가 '그냥 자기들이 할 수 있도록 해달라'는 것이다. 일을 해낼 능력을 검증하지 않으면 큰 탈이 날 수도 있는 요구다. 자회사 직원은 자신의 고객이 무엇을 원하는지를 듣고, 어떻게 해서든지 해결을 해주고자 노력하는 덕목을 갖춰야 한다. 하지만 그렇게 일하는 자회사 직원은 많지 않다.

자회사는 모회사의 일을 쉽게 얻어 가려는 영업만 하다가 도와주지 않는다고 엉뚱한 말을 하거나 모함하기도 한다. 자회사 직원이 모회사가 원하는 것을 알고 해결하려고 노력하는 것은 당연한 일이다. 지금은 모든 일에 경쟁이 기본이기에 자회사라 하더라도 무작정 지원할 수 없다. 일단 일을 할 수 있는 최소한의 역량을 갖추고 있고 경쟁력이 있어야 한다. 그런 다음에 자회사 지원을 이야기할 수 있다.

나는 새로운 사업을 추진할 때마다 실무자에게 자회사가 이 일을 위해서 어떤 준비를 하고 있는지를 물었다. 그들에게 기회를 줄 수 있는 여지를 찾기 위해서다. 새로운 사업을 추진하면 그 일을 하기 위해서 누가 능력이 있는지부터 알아보고 예산을 확보한다. 일을 해나갈 역량이 없다면 자회사에 주고 싶어도 줄 수가 없다. 모든 일에는 역량이 최우선이다. 자회사도 분명 일정한 역량을 갖추고 있고 또 자회사라는 특수성이 강점이 된다. 하지만 발전이 있으려면 일의 시작부터 끝까지 모든 과정에서 경험하고 배우고 지식을 축적해 새로운 기회를 잡아야 한다. 그런데 대개는 모회사의 배려를 쉽게 날려버리는 경우가 더 많다. 그런 경우가 생기면 여러모로 아쉬웠다.

시스템 장애가 발생할 때

회사의 전산시스템에 장애가 발생하는 경우가 가끔 있다. 장애란 시스템이 정상적으로 작동하지 않는 상황이다. 장애에는 여러 유형이 있지만 사용자의 프로그램에서 비정상 작동이 일어나 정상적인 업무 처리가 되지 않는 것이 일반적인 것이다. 이것은 심심치 않게 나타나지만 대체로 곧바로 해결되기에 큰 문제가 되지 않는다.

장애 가운데 가장 심각한 것은 회사 전체 사용자에게 영향을 끼치는 것들이다. 예를 들자면 주전산기 시스템 다운, 네트워크 장비 다운, 데이터를 저장하고 관리하는 시스템 중단 등의 사고가 그것이다. 이런 일이 벌어지면 회사 영업이 돌아가지 않는다. 또한 송금이나 연락 등 업무가 마비되고 만다. 안타까운 것은 이러한 장애는 몇 초 정도가 아닌 몇 분 이상으로 지속된다는 점이다. 물론 사용자가 불편함을 토로하고 곧바로 모든 사람이 이를 알게 된다. 결국에는 책임자가 CEO로부터 전화를 받는 사태로 이어진다.

이런 일이 전혀 없을 수는 없다. 어쩌다 일어나면 등줄기에 식은땀이 난다. 일단 실무자들이 수습하고 거기서 어려우면 장비나 시스템 납품 회사의 전문가들이 방문해서 원인을 찾고 대응 방안을 마련해야 한다. 어떤 경우는 꼬박 밤을 새우기도 한다. 장애는 대부분 장비에서 발생하고 언제 오작동하고 멈출지를 알 수가 없다. 장비 생산자 역시나 무수히 많은 경우의 수를 놓고 검증과 테스트를 하고 납품한다. 하지만 사용하는 환경 전부를 테스트할 수는 없다. 그러기에 장비 오작동은 불가피하다고 할 수도 있다.

한번은 한 해를 마감하는 12월 31일 오후에 시스템이 데이터 입력 지연 증상을 보인 적이 있다. 하필이면 월말과 분기, 연말 결산이 몰린 날에 말이다. 머릿속이 하얗게 되고 원인조차 알 수 없었다. 영업 중단이 10분을 넘었기에 금융감독원에 보고하고 홈페이지에 공지해 고객들의 불편을 최소화하는 임시 조처를 했다.

결산 마감 때문에 관련 부서에 근무 시간 연장 조처를 해주도록 부탁했다. 또한 관련된 조직의 부장들에게 전화해서 양해를 구하고 부탁했다. 여러 대응 덕분인지 7시가 넘어서 시스템이 안정되기 시작했다. 여러 부서들의 협조로, 늦은 시간이었지만 할 수 있는 일은 전부 마쳤다. 이후 밤새 원인 파악에 들어갔다. 원인은 전혀 엉뚱한 곳인 재해복구시스템에 백업하는 네트워크의 전송 속도 불균형 때문에 일어난 사고였다. 속도가 균형이 맞지 않아 처리해야 할 데이터가 처리되지 않고 누적되었고 결국 새로운 입력이 불가능한 사태로 치달았다.

이튿날 아침 일찍 CEO에게 원인과 조처를 보고했다. 원인이 장비 문제라고 해서 큰 질책은 받지 않고 무마되었다. 아마 장애 발생 이후 사후 조처가 적절했기 때문이었을 것이다. 장애는 발생했지만 적절한 수습을 했고, 무엇보다 원인이 밝혀졌기에 다른 큰 문제는 발생하지 않으리라고 여겼을 터였다. 여하튼 이런 장애는 IT 담당 임원의 피를 말린다.

EOS, 교체도 쉽지 않다

IT 부서에서는 대략 5년 주기로 반드시 해야 하는 일이 있다. 그 가운데 하나가 EOS^{End Of Service}라고 부르는 작업으로, 서비스 지원이 끝나 새로운 것으로 대체하는 작업을 말한다. 모든 컴퓨터, 시스템, 네트워크 장비, 소프트웨어를 영원히 사용할 수는 없다. 기술 발전으로 이전 것보다 성능은 좋아지니 새로운 것으로 바꿔야 한다. 바꾸는 방법으로는 현재 사용하는 것을 그대로 두고 바뀐 부분만 교체하는 방식이 가장 좋다. 하지만 생각처럼 단순하지 않다.

　우리가 사용하는 장비나 시스템을 한 회사에서 모두 생산하고 판매하거나 설치 및 운영하지는 않는다. 여러 회사에서 제품을 만들면 구매자는 그 가운데서 자사 운영에 적합한 제품으로 맞춰 조합한다. 그렇게 구매한 제품으로 시스템을 구성해 작동시킨다. 교체는 사용하는 장비 가운데 하나를 바꾸는 일이다. 그런데 그 하나가 단독으로 있는 것이 아니라 여러 곳과 연결이 되어 있기에 바꾸는 과정에서 나타나는 영향을 분석해야 한다. 별다른 문제가 없으면 연결만 해서 사용하지만 문제가 있으면 수정과 보완을 해야 하는데 이 과정이 쉽지 않다.

한 회사에서 사용하는 제품 종류가 꽤 된다. 하나만 바뀌어도 연관된 기기의 기능 확인을 해야 하는데 여럿이 바뀌면 확인을 위한 테스트가 기하급수적으로 늘어난다. 그래서 교체할 품목이 많으면 짧게는 3개월, 길게는 1년이 넘는 시간이 필요하다. 바뀌는 것의 영향을 분석하고 사용에 문제가 없도록 하는 작업을 EOS 대응 작업이라고 한다. 업체들은 통상 3년 전에 EOS 계획을 고지한다. 따라서 회사는 3년 정도 시간 여유를 갖고 준비할 수 있다.

그런데 이 작업은 남에게 내세울 성격의 일이 아니다. 그러니 대개는 서두르지도 않으며 관심도 없다. 더군다나 해당 임원이 오래 그 자리에 있으면 언젠가는 하겠지만 그렇지 않으면 굳이 자기 임기 내에 하려고 하지 않고 미룬다. 당연히 해야 할 일을 미루면 언젠가는 그 일이 코앞에 닥치는 법이다. EOS 날짜가 닥치거나 감독 기관에서 EOS 실행 여부를 점검할 수도 있다. 감독 기관까지 나서는 것은 EOS 작업이 늦어질수록 금융기관의 시스템에 문제가 생기거나 보안 문제로 사고가 날 가능성이 커지기 때문이다.

내가 임원이 되고 전임자가 미룬 EOS 때문에 촉박하게 내몰린 적이 있다. 이런 때는 오로지 전력을 다해 빠르게 처리하는 것만이 정답이다.

전임자가 해야 할 일을 제때 해놓지 않아 1년 내내 다른 일을 할 수 없을 정도로 시달렸다. 이런 일은 미루지 말고 바로바로 처리하는 것이 원칙이다. 임원은 눈앞의 일만 생각하지 말고 책임감 있게 미래를 준비하는 자리다. 후임자들의 원망을 들을 정도로 일을 미루면 안 된다.

3. CIO의 위기 틀어막기

CIO는 IT와 관련된 모든 일에 대한 책임을 진다. 물론 실무자나 중간 간부가 책임져야 하는 부분도 있겠지만, 최종 책임은 항상 임원에게 있다. 모두에게 편리하고 안정적인 IT 서비스를 누리게 하는 것은 CIO의 가장 중요한 책임이다. 평소에 안정적인 IT 서비스를 제공하는 것도 두말할 것 없이 중요한 일이지만 재난이나 재해 같은 경우에도 영업할 수 있도록 하는 대안이 늘 준비되어 있어야 한다.

　나아가 위기에 대한 대비도 갖추고 있어야 한다. 위기 상황이라 하면 9·11 테러 사태와 같이 불시에 벌어지는 비상 상황까지 포함한다. 사실 9·11 테러 같은 사건이 우리에게 발생할 확률은 거의 없다. 더군다나 현직 CIO의 임기 가운데 그런 일이 일어날 가능성은 없다고 봐야 한다. 그러나 그런 사건이 발생하면 회사 전산시스템을 사용할 수 없게 되고 사실상 회사가 망할 수도 있다. 그래서 그런 상황이 벌어져도 곧바로 복구해서 정상적인 운영이 가능해야 한다.

위기는 언제든지 올 수 있다

9·11 테러까지 얘기할 것도 없이, 2022년 10월에 있었던 카카오톡 사태만 봐도 위기관리가 얼마나 중요한지 알 수 있다. 카카오톡이 데이터센터로 쓰는 SK 판교 데이터센터의 화재 때문에 먹통이 된 것이었는데, 카카오톡이 복구되는 데 시간이 꽤 걸렸고 완전 복구까지는 10일이 넘게 걸렸다. 화재가 난 데이터센터는 네이버도 함께 썼는데, 네이버는 일부 오류가 생기기는 했어도 서비스에 전면적인 장애가 생기지는 않았다. 그러나 카카오톡은 운영 관리 도구를 데이터센터에만 이중화 시스템을 했기에 사용자들의 피해를 유발했다. 카카오톡 사용자에게 배상해야 했고 회사 신뢰도에도 먹구름이 끼었다. 아마 복구가 더 늦어졌으면 피해는 상상할 수 없을 정도로 커졌을 것이다. 시스템의 위기 상황은 언제 어디서든 닥칠 수 있다.

CIO는 위기 상황에 대한 대비 방안을 마련해야 한다. 대표적인 대비책이 재해복구 시스템이다. 어느 회사가 재난이나 재해에 대해서 얼마만큼 준비하고 있는가를 알려면 재해복구 매뉴얼을 보면 된다. 여기에는 재해 상황별 대응 시나리오가 나와 있어야 한다. 재해복구 시스템은 돈과 시간과 노력을 들여서 만들어야 한다. 하지만 일어나지 않을 수 있는 일에 그렇게 큰 비용을 지불하는 일은 늘 고민스럽다. 돈을 써야 할 곳은 많은데 자원은 유한하기에 재해복구 시스템은 우선순위에서 밀리게 마련이다.

가장 좋은 재해복구 시스템은 현재 시스템과 일대일로 대응하는 규모다. 그러면 모든 위험에 즉각 대응할 수 있고 대응 시간도 짧다. 그러나 현실적으로 그렇게까지 할 수는 없다. 그래서 3할 정도를 미리 준비하고, 상황이 발생하면 일대일로 대응할 수 있도록 시나리오를 만든다. 사실 CIO의 속마음으로는 5할 정도는 준비해 둘 수 있도록 규모를 키우고 싶다. 덩치가 큰 규모가 있는 회사에는 딸린 식구들이 많다. 재난으로 시스템이 망가져 회사가 어려워지면 여러 사람이 삶의 터전을 잃는다. 회사가 언제나 지속 가능해야 하기에 CIO는 재해복구 시스템의 규모를 키우고 싶어 한다. 현실이 될지도 모르는 위기 상황에 대해서 실무자들은 관심이 없다. 맡은 일을 하기에도 바쁘고 책임 영역 또한 크지 않기 때문이다. 위기 상황에 대한 준비에는 임원이 중심에 서야 한다.

회사에는 '재해복구 훈련 매뉴얼'이 있다. 최소 1년에 한 번 이에 따라 복구 훈련을 시행한다. 훈련의 목적은 재해복구 시스템의 정상 가동 여부의 확인이다. 훈련은 처음에만 어렵지 자주 반복하다 보면 숙달된다. 그러나 재해복구 시스템의 정상 가동만 확인한다고 위기 대응 준비가 끝난 것은 아니다. 이 가동 확인은 최소한의 조치이고 위기 대응은 그때부터 시작이다.

CIO는 지금의 재해복구 시스템을 가지고 새로이 업무를 시작한다면 원래의 시스템과 똑같이 업무를 수행할 수 있는지 비교하고 점검해야 한다. 비교한 결과에 차이가 있다면 정리하고 보완 대책을 마련해야 한다. 재난이나 재해는 전체에서 발생하지 않고 부분적인 구성 요소나 특정 지역에서만 발생할 수도 있다. 그러한 상황을 가정한 훈련도 필요하다. 모든 상황에서 어떠한 경우에라도 실질적으로 대응할 수 있어야 한다. 직원의 훈련을 포함해서 재해에 대한 준비와 대응은 CIO가 아니면 할 수 없다.

EMP 방어

회사 전산시스템을 위기로 몰아넣을 수 있는 새로운 위험으로 EMP Electromagnetic pulse(전자기 펄스)가 있다. EMP는 미국이 태평양에서 실시한 수소폭탄 실험 과정에서 처음 알려졌다. 핵무기는 열과 폭발력으로

타격을 가하지만 EMP는 인명의 손상 없이 전자장비에 치명적인 손상을 가한다. 특히 EMP는 컴퓨터 등 전자장치에 의해 작동되는 자동화 시스템을 파괴할 수 있다.

우리나라에서는 EMP를 북한 핵무기 실험 이후에 주목하게 되었다. 휴전선 상공에서 폭탄이 터지는 경우를 가정하면, 폭탄 폭발 반경 50킬로미터가 EMP 영향권으로 서울과 수도권이 직접적인 영향을 받는다. EMP가 현실이 되면 강력한 전자기 펄스에 의해 나라 안의 모든 전산시스템이 파괴되어 멈출 수도 있다. EMP에 효과적으로 대응하는 방법은 멀리 떨어진 곳에 또 하나의 시스템을 만들어 놓는 것이다. 하지만 EMP가 어느 곳을 향할지 알 수 없기에 이는 안이한 대책일 수도 있다.

회사에서 사용하는 하드웨어와 소프트웨어는 시간이 걸리겠지만 새롭게 설치하면 된다. 하지만 회사에서 축적한 고객 자산이 기록된 데이터는 어떤 것으로도 대체할 수 없다. 어떤 상황에서도 축적된 데이터를 보호해야 한다. EMP로부터 데이터를 보호하기 위해서 EMP 차폐가 가능한 설비가 필요하다.

그다음 방법은 데이터를 소산하는 것이다. 주 전산센터의 시스템에는 회사에서 보유한 모든 데이터가 있다. 데이터에는 보유 기간이 정해져 있고 이에 따라 데이터를 관리한다. 보관해야 하는 데이터 전체를 복사한 후에 재해복구센터로 보내 보관한다. 정해진 주기에 따라 날마다 백업해 해당 내용이 재해복구센터에서 유지되도록 하는 것이 소산이다. 재해복구센터는 보통 주 전산센터와 상당히 먼 거리에 두므로 주 전산센터가 EMP 영향을 받아도 안전할 수 있다.

EMP 대응에는 상당한 비용이 들어간다. 발생할 확률이 지극히 낮음에도 불구하고 투자를 고민해야 한다. 더구나 그 영향이 특정 회사만이 아니라 나라 전체에 있는 시스템에 미치기 때문에 개별 회사의 대책만으로는 해결될 수 없다. 만약 EMP가 북핵 도발로만 생긴다면 개별 회사로서는 모든 책임을 회사 자체에서 감당할 수는 없는 것이다. 그러나 이런 불가항력의 상황 말고도 다른 걱정거리가 새로이 등장하고 있다.

요즘은 상대를 지목해서 감행하는 악의적이고 불법적인 테러가 생겨났다. EMP 위협이 국가적 차원이 아니라 개별 기업을 향한 테러 형태로 나타날 수 있는 것이다. EMP 공격은 적은 비용으로 큰 효과를 거둘 수 있다. 외부 세력이 특정 회사만을 지목해서 위협할 수도 있다. IT 종사자들은 이제 전산센터의 위치도 보안이라고 교육을 받는다. 예전에는 전산센터는 이중 삼중으로 통제하고 있으니 걱정하지 않아도 된다고 생각했다. 이제까지는 그랬는지 몰라도 앞으로는 그 위치가 공개되면 공격에 노출되기 쉬우니 보안 유지가 필요한 중요 사항이다.

이런 공격의 대응책으로 최선의 방법은 EMP 방어가 가능한 시설을 만들고 관련 설비를 도입하는 것이다. EMP 위협 징후를 판단할 수 있는 모니터링 시스템, 대응 인력 양성 등을 준비해야 한다. 상당한 비용이 드니 부담스럽지 않을 수 없다. 기술 발전으로 공격 비용이 싸졌기에 회사는 예상하지 못한 공격 위험에 노출될 수도 있다. 비용이 부담된다면 EMP 방호시설 구축은 중기 과제로 돌릴 수도 있겠다. 하지만 꼭 해야 하는 것이 있다. 데이터 보관을 위한 EMP 차폐 시설을 구축하는 일이다. EMP 영향에서 완벽하게 보호할 수 있는 시설이어야 하고 이를 관리할 수 있는 역량도 갖추어야 한다. 기존 재해복구 시스템이 있지만, 새로운 대응 체계가 필요하다. CIO는 새로운 위협에 대응할 수 있는 체계와 역량을 갖추어야 한다. 기후환경 위협 또한 무시할 수 없다. 도처에서 다양한 위협이 등장하고 있다.

전산센터와 백업센터 그리고 현장

CIO가 항상 관심을 가지고 찾아봐야 하는 곳은 전산센터다. 이곳은 회사의 전산 장비 전체가 모여 있으며 운영되고 있는 곳으로 보통 주 전산센터라고 부른다. 이곳이 IT 부서에서 가장 중요한 곳이다. 이곳에서 가장 신경 쓰는 것은 출입 통제다. 회사의 중요 장비가 모여 있는 곳이니 아무나 들어와서 의심스러운 행동을 하도록 내버려 둘 수는 없다. 최근에는 예측할 수 없는 일이 곧잘 벌어지니 통제와 관리가 잘되는지를 늘 확인하고 점검해야 한다.

주 전산센터에 가면 살펴봐야 할 것들이 많다. 장비들이 정상적으로 작동하고 있는지 혹시나 남아도는 장비는 없는지 규정과 규칙들이 충실하게 지켜지고 있는지를 살펴야 한다. 이곳을 정기적으로 찾아 구석구석 점검하고 위험 요소에 대한 대비를 생각하는 것이 CIO의 중요한 업무 가운데 하나다.

CIO가 정기적으로 방문해야 할 또 다른 곳은 주 전산센터의 백업을 받는 백업센터다. 백업센터는 말 그대로 주 전산센터가 비상 사태로 가동할 수 없게 되었을 때 사용하려고 구축한 곳이다. 백업센터가 주목받게 된 것은 9·11 테러 때문이다. 9·11 테러로 세계무역센터 빌딩이 무너지고 그 안에 있는 전산 설비도 다 사라졌다. 금융회사에서 전산시스템이 사라졌다는 것은 회사가 망하게 되었다는 것과 다름이 없는 말이다. 전산시스템 없이는 금융회사 운영이 가능할 수 없고, 전산시스템을 복구하는 데는 상당한 시간이 걸린다. 또 데이터가 사라졌으면 복구 불가능할 수도 있다. 그런데도 바로 이튿날 전산시스템을 정상적으로 가동한 회사가 있었다. 그만큼 대비를 잘했다는 이야기다.

9·11 테러가 계기가 되어 국내에도 백업센터 구축을 시도하기 시작했다. 확률적으로 발생 가능성이 얼마나 되는지가 가장 궁금한 것이고, 미국과 같은 테러 대상 국가도 아닌데 굳이 미국처럼 해야 할 필요가 있

느냐는 의문도 있었지만, 그런 작은 확률도 무시하지 않고 대응해야 하는 것이 IT의 임무다. 그래서 백업센터를 만들었고 언제라도 증설할 수 있도록 구축했다. 또한 일어날 수 있는 재해의 종류 가운데 우리나라는 안전하다고 생각했던 지진도 포함하게 되었다.

백업센터에서는 매년 2회 복구 훈련을 시행한다. 예전에는 주말을 이용하여 실시했지만, 회사가 성장하고 자금 여력이 생기면서 주 전산센터와 일대일에 가까운 시스템이 가능한 상황이 되었고, 무엇보다 재난이나 재해가 휴일에 발생하는 것은 아니므로 평일에 훈련하게 되었다.

CIO가 꼭 방문해야 하는 또 다른 곳은 영업 현장이다. 영업 현장 주변에는 전산 장비가 배치되어 있기에 주기적으로 확인하고 점검할 필요가 있다. 나아가 회사의 시스템을 사용하는 외부 영업 현장에도 가봐야 한다. 본사에 있는 시스템을 사용하는 곳을 방문해 현장의 목소리를 듣는 것도 필요하다. 늘 현장에서 확인하는 습관은 아주 중요하다. 현장에 가야만 정확한 이야기를 들을 수 있다. 현장을 방문했던 기억은 실무를 하면서도 실질적인 의사결정에 도움을 준다. 현장을 다녀오면 마음이 편해진다. 무엇이든 확인하고 나면 다음 단계로 나아가기 수월해진다. 현장에 답이 있다는 말은 언제나 옳다.

4. CIO가 하는 일들

CIO는 영업 현장 사람들에게 사용하기 편한 전산시스템을 만들어 줄 의무가 있다. 현장에서 원하는 전산시스템은 필요한 기능을 쉽게 찾을 수 있고 처리하고자 하는 업무를 쉽게 수행할 수 있는 것이다. 업무를 쉽게 처리할 수 있다는 것은 짧은 시간 안에 한 번의 처리로 하고자 하는 업무가 완성되는 것이다. 이 정도로 만들려면 현장 사용자의 의견을 수시로 들어야 한다. 거기에다가 응답 속도가 빠를수록 좋다. 또한 시스템을 사용하는 가운데 사소한 에러라도 발생하지 않아야 한다.

현장의 목소리를 들으라

회사에서 영업 현장을 지원하는 직원들 가운데 전산시스템이 불편해서 현장에서 영업을 제대로 할 수 없다고 이야기하는 사람이 있다. 이들은 우리 시스템이 타사 것보다 불편하다고 한다. 그들이 없는 이야기를 지어서 하는 것은 아닐 것이다. 다만 회사 시스템의 수준은 현재 업무를 하는 사람이 어떤 요구 사항을 요청했느냐에 따라 결정된다는 사실만은 알고 넘어가기를 바랄 뿐이다. 현장은 전산시스템이 조금 불편하더라도 영업에 조금이라도 이익이 될 수 있으면 불편을 감수하고라도 그 시스템을 사용한다. 불편하다고 아예 사용을 꺼린다고 하는 말은 옳은 이야기가 아니다.

현장에서 시스템 사용이 불편하면 실적이 좋지 않다는 것은 부인할 수 없는 사실이다. 게다가 같은 조건이라면 편리한 시스템을 사용하고 싶은 것은 누구나 마찬가지일 것이다. 불편한 시스템을 가지고 사용자를 탓할 이유는 없다. CIO는 현장의 불편함에 대해 늘 관심을 가져야 한다. 그런 이유로 현장의 불편을 파악하기 위해 매월 실무자가 지역별로 시스템 편리성을 점검하게 했다. 또한 점검 후에는 보고서를 작성하게 했다. 이런 보고서는 대개 CIO에게까지 오지 않지만 나는 이 보고서를 챙겨 읽었다. 보고서를 읽다가 현장에 전화해서 실제 확인도 했다. 현장의 반응을 알 수 있는 아주 좋은 정보였다.

그리고 가끔 현장을 찾았다. 꼭 멀리 가지는 않더라도 가까이 있는 현장이 많았다. 회사에서는 현장과 관련된 여러 가지 프로그램을 운영했다. 주기적으로 현장에서 책임자와 관련 실무자를 만나는 시간을 가졌다. 같은 회사 소속이지만 서로 처음 보는 경우도 많았다. 현장에서는 회사의 전체적인 움직임과 실적이 궁금할 수 있기에 현 상황을 설명했다. 사실 IT는 현장의 업무를 지원하는 일이 핵심 임무이고 현장 덕분에 먹고산다고 할 수 있다.

늘 현장의 소리에 귀 기울이면 시스템이 더 좋아질 수 있다. 시스템이 급격하게 좋아지지 않더라도 현장을 방문해 그들의 이야기를 듣는 것만으로도 그들이 느끼는 불만은 해소될 수 있다.

핵심은 응답 속도

현장의 회사 시스템에 대한 평가에서 중요한 항목 가운데 하나는 응답 속도다. 물론 모든 사용자들이 응답 속도에 민감하기에 CIO가 가장 신경 쓰는 것이다. 응답 속도 측정은 이렇게 한다. 사용자가 자기 단말기에서 엔터 키를 입력하면 원하는 작업이 시작된다. 작업을 시작해서 응답이 되돌아올 때까지 걸리는 시간을 응답 속도라고 한다. 우리나라 사람들은 유난히 속도에 민감해서 인터넷 초고속망이 발달하고 IT 강국이 되었다고 말하기도 한다. 응답 속도가 길어야 3초 정도인데 요즘은 그마저도 길다고 생각한다. 3초와 관련해서는 정설은 없다.

사용자가 시스템을 대하는 것을 보면 기능은 좀 부족하거나 불편해도 비교적 잘 참는다. 사용자들이 유일하게 참지 못하는 것이 바로 응답 속도다. 거꾸로 응답 속도가 빠르면 다른 불편은 무난하게 넘어갈 수 있다. 그런데 응답 속도는 그리 간단한 문제가 아니다. 사용자가 단말기 앞에 앉아서 엔터 키를 누르고 기다린다고 하지만 그 순간 일어나는 일을 그림으로 그려보면 놀라울 지경이다.

회사 전산시스템의 핵심은 메인 컴퓨터다. 메인 컴퓨터는 사용자들이 사용하는 곳에서 아주 멀리 떨어진 곳에 있고, 사용자 단말기의 엔터 키 신호가 수십 킬로미터 떨어진 메인 컴퓨터에 전달이 되면 메인 컴퓨터는 해당 작업을 처리한다. 그리고 그 결과를 다시 사용자에게 전달하는 과정을 거친다. 이 과정을 더욱 상세하게 그리면 단말기 — 회사 내부 네트워크 — 전화국-메인 컴퓨터 — 전화국-회사 내부 네트워크 — 단말기 순서로 진행된다. 이처럼 긴 연결을 거쳐서 사용자에게 다시 도착하는 시간이 채 3초가 안 된다는 사실은 얼마나 그 속도가 빠른지 말해준다. 그런데도 사용자들이 그 짧은 순간도 참지 못하기에 IT 조직은 3초보다 빠른 응답 속도를 위해 노력하는 것이다.

응답 시간을 줄이는 데는 두 가지 방법이 있다. 하나는 메인 컴퓨터와 전산 장비의 처리 용량을 증설하여 최고의 성능을 갖추는 것이다. 그러기 위해서는 투자가 필요하고, 회사로서는 늘 과잉 투자를 경계한다. 회사는 한꺼번에 모두를 다 교체하기보다 조금씩 점진적으로 해나갔으면 한다. 하지만 CIO는 적정 수준을 넘어 최고의 사양으로 갖추고 싶은 마음이 간절하다. 다른 하나는 소프트웨어를 튜닝하는 것이다. 대표적인 소프트웨어로는 프로그램과 데이터가 들어 있는 데이터베이스가 있다. 프로그램은 개발이 완료되어도 사용하기 전에 반드시 응답 속도 테스트를 거친다. 응답 속도를 만족할 때까지 수정하고 보완한다. 그래서 사용자는 처음 개발했을 시점에는 응답 속도에 만족한다. 그러나 시간이 흐르면서 프로그램에 변경이 생기고, 새로운 기능이 추가되어 속도가 점점 느려진다. 이것을 적정 속도가 유지되도록 튜닝하는 것이다. 고객정보가 기록된 데이터베이스 역시 시간이 지나면서 데이터가 축적되며 느려진다. 이것 역시 최적의 상태가 되도록 조정해야 한다.

이런 작업이 이루어져야 현장 사용자가 3초 미만의 빠른 응답 속도를 느낄 수 있다. 응답 속도의 측정은 가장 느린 곳을 기준으로 이야기한다. 전국에서 가장 느린 곳은 인프라 여건이 열악한 곳이다. 응답 속도 측정은 그곳을 기준으로 측정하기에 이곳이 3초 이내이면 다른 곳은 더 빠르다. 그렇지만 응답 속도가 3초 이내라고 안심한 채 손을 놓고 있어서는 안 된다. 요즘 사용자는 3초도 느리다고 생각한다. 응답 속도가 느리면 사용하지 않으려는 사용자가 많아진다. 느린 응답 속도 때문에 시스템 사용이 불편하다는 말이 나오면 CIO는 긴장한다. CIO는 어떻게 해서든지 이 문제를 해결하고 불편을 최소화하기 위해서 노력한다.

전산도 절약을 위해 뼈를 깎는다

전산시스템을 갖추고 유지하는 일에는 비용이 많이 든다. 전산 장비, 소프트웨어와 여러 주변기기를 사들여 시스템을 구성하고, 관련 인력을 채용해 시스템을 운영한다. 새로운 시스템을 개발해서 사용하려는 요구는 해마다 증가한다. 새로운 시스템 구축 프로젝트도 끊임없이 증가하는 추세다. 회사의 어떤 조직의 업무계획을 보면 전산시스템 구축이 주요 업무로 올라가 있기도 하다. 이는 일상 업무에서 전산시스템을 사용해서 처리하는 비중이 높아지고 있는 것을 반증한다.

새로운 시스템을 도입하고 기존의 기기를 운용하고 유지·보수하는 과정에서 비용 절감과 생산성 향상이란 말을 많이 한다. 이 두 가지는 직장 생활 내내 듣는 말이기도 하다. 다른 부서에서는 전산시스템은 돈을 물 쓰듯 쓰는 줄로 아는 사람도 있다. 그러나 전산이 돈을 많이 쓰기는 하지만 비용 절감을 위한 노력도 만만치 않게 한다.

새 장비는 손쓸 필요도 없고 잘 작동하지만 시간이 지나면 노후되어 이곳저곳 고장의 징후가 나타난다. 사람들이 기계의 작동을 보고 필요한 조치를 검토해야 하는 단계가 된다. 전산 장비 운영에 유지·보수 비용이 늘어난다. 그사이 새로운 장비가 시장에 나오고 기술이 나날이 발전하기에 새 장비는 몇 년 전 구입한 장비와 비교하면 성능에서 월등하다. 비용을 따져도 새 장비 구매가 더 경제적인 시점이 오고 적당할 때 교체하면 비용을 절감할 수 있다.

연말에 CIO는 이듬해 조직 전체에게 하나의 목표를 제시한다. 컴퓨터가 메인프레임에서 서버로 전환된 다음에는 CIO는 절감 목표를 금액으로 제시하고, 산하 조직에서는 매월 절감한 실적을 비용으로 환산해서 보고한다. 그렇게 비용 절감 목표에 도달하려고 노력한다. 이렇게 사소한 비용을 아끼면 향후 큰 투자가 필요할 때 힘이 될 수 있다. 비용 절감은 전산에서도 중요한 일이어서 결코 소홀하게 할 수 없다.

생산성 향상은 언제나 인력 절감이라는 용어가 따라붙는다. 많은 사람이 하던 일을 그보다 적은 사람이 처리할 수 있게 되었다는 뜻이다. 이를 숫자로 구현하기 위해 사람을 소수점 단위로 표현하기도 한다. 시스템 도입과 능률 개선으로 일이 줄어들면 남은 인력을 새로운 일에 투입할 것이라고 한다. 전산 개발에 인력이 투입되고 개발이 끝나면 유지·보수를 해서 관리해야 한다. 개발 인력에 다른 업무가 넘어온 셈이다. 개발 인력은 대체로 변동이 없으니 인력 감축 효과로 인정한다. 일이 늘어났으니 개발 인력도 늘려달라는 요청이 있지만 생산성 향상을 위해 그대로 유지한다.

일을 시키는 처지에서는 인력 절감이라는 말은 피하고 싶다. 관리자들이 사람을, 줄이려는 데이터로 사용하려 하기 때문이다. 해야 할 다른 일을 못 하고 있는데 인력이 절감된다고 사람을 줄이려 하니 싫어하는 것이다. 업무에서 전산 비중은 나날이 높아간다. 지금 전산 없이 할 수 있는 일은 거의 없다고 봐야 한다. 전산시스템은 비용 절감과 생산성 향상을 위해 매우 효과적인 무기다. 전산시스템을 사용해서 문제를 효율적으로 해결하는 것이 정답이다.

현황 읽는 날

앞서 정보보안에서도 현황의 중요성을 이야기했지만, 현재 상황을 정확하게 파악하는 것은 앞으로의 일을 위해 중요하다. 나는 이 목적을 달성하기 위해 CIO로서 현황 읽는 날을 별도로 정했다. 현재 시점에서 전산 자산 전체를 모아보자는 것이다. 그리고 정리된 자료를 '자산 현황'이라 불렀다. 회사 규모가 커지면 보유하는 장비, 소프트웨어 등이 엄청나다. 그래서 전체 현황을 정리하는 데 애를 먹는다. 나아가 관리는 더욱 힘들다.

현황 관리를 허드렛일 정도로 여기는 경우가 많아서 CIO가 강제하지 않으면 정확히 파악하기 쉽지 않다. 대체로 직원들은 현황 관리는 감사 같은 일이 있을 때 한 번씩 정리하는 업무로 생각했기 때문이다. 하지만 몇 년 사이에 현황 관리는 핵심 업무로 바뀌게 되었다. 정보보안을 완벽하게 실행하기 위해서는 전체 현황이 필수가 되었다. 전산의 운영과 개발 부서에서 보유·운영하고 있는 현황을 제출하고, 나아가 매월 정기적으로 변화된 것을 수정하고 관련된 사람에게 공유하도록 했다. 정보보안에 공유하는 것도 당연히 해야 할 일이었다.

처음부터 현황이 정확하게 맞을 것이라고 기대한 것은 아니었다. 예상대로 3개월 지나면서 현황이 정리되기 시작했고, 6개월이 지나니 정확성이 높아지는 것을 확인할 수 있었다. 제출한 현황에 대해 점검했는데 전체 점검은 힘드니 특정 부분을 점검하고 그 결과를 보고된 현황과 비교했다. 제출한 현황을 점검하는 것을 제출자가 알기 때문에 현황의 정확성이 높아지고 성의껏 작업하는 것을 느낄 수 있었다. 이렇게 힘들게 수행한 현황 작업의 결과는 서서히 나타났다.

가장 현황이 도움이 된 곳은 정보보안이었다. 정확한 현황이 알려주는 정보가 제법 되었다. 현황 점검 과정에서 몇 대의 서버가 사용 빈도가 적다는 이유로 방치되고 있음을 발견했다. 이런 곳은 취약한 고리가 되어 해커의 침투로 이어질 수 있었고 즉각 조처하여 방비할 수 있었다. 그리고 현황은 앞으로 우리가 해야 할 작업을 알려주었다. 장비 도입 날짜를 확인하면 대략 그 장비 수명이 언제인지, 몇 대나 이에 해당이 되는지를 짐작하고 어느 시점에 어떻게 교체 또는 업그레이드해야 하는지를 알려주었다. 무엇보다 소프트웨어들의 도입 시기와 버전을 확인하면서 EOS를 준비할 수 있었다. 현황으로 1년도 채 남지 않은 것들이 꽤 있음을 확인했다. 정확한 현황이 아니었으면 규모 짐작도 어려웠을 것이고, 빠진 장비도 있어 애를 많이 먹을 것이다.

이로부터 매월 특정한 날을 잡아서 현황 회의를 열었다. 회의에 부장 이상 간부와 실무자가 참석해 보고하고 질의 응답 시간을 가졌다. 현황 업무는 특정한 누구의 업무가 아니라 모두가 관심을 가져야 하는 업무임을 강조하기 위해서였다. 경쟁사보다 앞서 나가기 위해서는 발목을 잡는 것이 없어야 한다. 현황은 소홀하기 쉬운 일이다. 누군가 하지 않으면 늘 같은 상황이 반복된다. 그런 기초를 다져야 앞으로 나갈 동력을 얻게 된다.

클라우드 시대가 온다

최근 몇 년 동안 IT 업계에서는 클라우드 시스템이 화제의 중심이다. 클라우드 시스템은 지금도 많은 회사에서 검토를 활발하게 하고 있다. 금융기관의 IT 담당자들은 클라우드 시스템 사용에 관심이 많다. 하지만 클라우드 시스템을 실제 사용하기에 아직 비싸다고 생각한다. 내가 클라우드 시스템에 관심을 가지게 된 것은 『빅 스위치Big Switch』라는 책을 읽으면서 시작되었다. 저자는 전산시스템 사용에 있어서도 수돗물이나 전기처럼 사용하는 양만큼 비용을 내는 개념을 이야기했고, 이는 많은 회사의 경영자에게 반가운 소식이었다.

회사에서 전산시스템을 살 때 그 시점에서 꼭 필요한 용량만 구입하지 않는다. 회사가 성장할 가능성에 대해 여분을 두고 구매하며, 그보다 덜 사용할 수도 있겠지만 어쩔 수 없는 일이라 여긴다. 만약 구매한 용량보다 더 필요하게 된다면 대책이 없다. 그래서 향후 3년 정도 필요한 양을 추정해 구매하고, 이후 사용량 추세를 보면서 2년마다 필요한 용량을 증설하는 방식으로 운영한다. 경영자가 볼 때 전산시스템의 효용은 높았다. 그렇지만 운영과 유지·보수에 비용이 많이 들어간다. 특히 장비 구매에는 손익의 숫자를 흔들 정도로 큰 비용을 지출해야 했다.

지금은 장비 대부분이 5년 이상 사용해도 큰 문제가 없을 만큼 품질이나 성능이 좋아졌다. 그럼에도 전산 장비에 여전히 비용이 많이 든다. 이래서 사용한 만큼 비용을 내는 클라우드 시스템이 주목받는다. 또한 클라우드 시스템은 추가 용량이 필요하면 신속하게 공급이 가능한 유연성이 있다. 새로 장비를 사는 비용과 설치가 필요 없다. 상대 회사에 필요한 용량을 요구하면 빠른 속도로 얼마든지 공급해 준다. 또한 사용하다가 필요가 없어지면 반납할 수도 있다. 실제로 사용한 비용만 내면 된다. 이것이 회사 경영에 미치는 의미를 좀 더 살펴보자.

경영자가 전산시스템 운영자에게 '가장 바쁠 때 기준으로 어느 정도까지 처리할 수 있는가'를 반드시 묻는다. 현재 장비의 한계 용량을 묻는 것이다. 1개월을 기준 삼으면 결산하는 말일에 통상보다 2배 이상 사용한다. 지금 장비 용량은 이때를 기준으로 구매한 것이다. 만약 이 용량을 넘어 사용할 수 있도록 하려면 준비할 시간이 필요하다. 전산시스템 용량이 부족해서 영업할 수 없다면 낭패가 아닐 수 없다. 용량 추가에는 통상 3개월의 시간이 필요하다. 그런데 클라우드 시스템을 사용하면 이 시간은 대폭 단축된다. 즉시 가능할 수도 있다. 이것이 클라우드 시스템의 위력이다.

그럼에도 금융회사는 클라우드 시스템 사용을 주저한다. 이유는 세 가지다. 첫째, 지금은 비용이 더 든다. 자체 구축해서 사용하는 것보다 비싸면 사용할 이유가 없다. 사용 비용을 낮추려면 시장에서 검증된 제품을 사용하지 않고 자체 개발하거나 싼 솔루션 등을 사용하면 된다. 하지만 금융 시스템은 안정성이 가장 중요하기 때문에 검증된 제품만을 사용해야 한다. 시장에서 검증된 제품들로 구성한다면 자체적으로 구축해서 사용하는 것과 비용 차이가 없다. 둘째, 장애가 생겼을 때 대응이 어렵다. 금융회사에서는 장애가 발생하면 영업이 중단되거나 고객 서비스를 할 수 없다. 회사 대부분은 전산시스템의 장애가 발생할 때 대응 매뉴얼을 갖추고 있으며 상황별 파급 효과에 대한 분석 능력과 대응 방법이 훈련되어 있다. 클라우드 시스템 운영자에게는 이런 능력이 없다. 셋째, 준비해야 할 것이 많다. 금융회사에는 주 시스템과 재해복구 시스템이 있다. 두 시스템은 하나의 시스템처럼 구성되고 운영될 수 있어야 한다. 그래서 주기적으로 가동 훈련을 한다. 또한 재해복구 시스템을 운영하기 위해서는 상당한 노하우가 있는 인원이 준비되어 있어야 한다. 또 기존의 시스템 운영 인원도 다른 일을 찾아야 하기에 시간이 필요하다.

클라우드 시스템은 좋은 점도 많지만 전적으로 그것만 이용하기 위해서는 준비해야 할 것들이 많다. 전환에 따른 다양한 위험과 대응, 인력 문제, 비용 현실화, 정보보안 대책 등 제반 사항들이 충분히 검토되어 확신을 가질 수 있어야 한다. 클라우드 시스템이 매력적인 대안으로 가까이 왔지만 아직은 더 기다려야 하는 이유가 여기에 있다.

5. IT의 과거와 미래

컴퓨터는 1940년 무렵에 개발되었고, 1950년대에 상용화되기 시작했으며, 1980년대에 업무 현장에 나타나기 시작했다. 사람들은 이 컴퓨터가 세상을 이렇게 바꾸리라고 예측하지 못했다. 여기에 1980년대 말에 인터넷이란 통신망까지 더해지면서 이제 IT 없는 세상은 상상조차 할 수 없게 되었다. 거기에다가 모바일 스마트폰까지 가세하면서 우리는 이것들 없이는 잠시도 살아갈 수 없는, 이전에는 상상조차 할 수 없던 세상을 살아가고 있다. 지금의 눈부신 세상을 보면서 이 모두가 100년도 안 되는 시간에 변화한 것이라는 점에서 더욱 경이롭다.

나도 기계공학을 전공했지만 직장 생활을 처음 시작했던 1980년대

말에 자동차 생산 현장에서 컴퓨터와 프로그램으로 작동하는 로봇과 같은 장비와 접촉을 시작했다. 그때 하는 일이 생산 현장에서는 컴퓨터를 사용해서 자동차 제조 정보를 배분해 생산 장비가 작업하도록 지시하는 일이었다. 나는 이러한 일을 하게 하기 위한 응용프로그램을 개발했다. 이때 공장은 당시 첨단의 장비를 갖추었고 IT의 발전과 함께 새로운 기술이 선을 보일 때였다. 그러고 보면 나도 IT가 한창 떠오를 때 직장 생활을 시작했던 셈이다.

IT에는 연속성이 없다

비슷한 시기에 금융업은 IBM에서 제작한 컴퓨터를 가장 많이 사용했다. IBM에서 제작하고 판매한 컴퓨터를 메인프레임이라는 이름으로 불렀다. 메인프레임을 전산 장치로 채택해 이곳에서 작동하는 온라인 프로그램을 만들어 사용하기 시작하면서 손으로 쓰는 장부가 없어졌다. 성능에서 메인프레임은 따라올 컴퓨터가 없을 만큼 뛰어났다. 하지만 비용이 많이 들기에 보다 나은 대안을 찾는 고민이 생겼다. 새로운 대안이 나타나면 반드시 찾아서 설명을 들어보고 대안이 될 수 있는지를 적극적으로 검토했다.

비용을 고민하는 사용자의 관점이 반영되었는지 연구소에서 사용했던 워크스테이션을 업무 목적으로 사용하기 시작했다. 이 워크스테이션은 운영체제로 UNIX를 사용했다. 새롭게 세상에 모습을 드러낸 웹^{WEB}이 소프트웨어가 변화와 흐름을 주도했다. 또한 프로그램 개발에서는 특정한 컴퓨터라는 제약 없이 사용이 가능한 자바^{JAVA} 언어가 등장했다.

2000년이 지나면서 IBM의 메인프레임을 사용하던 회사들은 UNIX 운영체제를 쓰는 장비를 도입하기 시작했다. IBM 컴퓨터를 사용하지 않았던 회사들도 자신들이 사용하던 하드웨어와 소프트웨어를 교체하기 시작했다. 메인프레임과 같은 당시 컴퓨터들은 새롭게 등장한 기술과 소프트웨어 수용에서 대응 속도가 느렸기에 한계가 많았다. 그래서 메인프레임은 기업의 관심 밖으로 밀려났다. 이 때문에 컴퓨터와 소프트웨어 교체가 활발해졌다. 이상이 개괄적인 2000년 초반까지의 흐름이다.

IT에는 늘 새로운 기술이 나타나며 이전 것과의 연속성이 거의 없다고 봐야 한다. 이것이 IT 기술의 특징이다. IT에서 과거는 참고가 될 수는 있지만 이미 지나간 추억일 뿐이다. 늘 새것이 나오기에 사람도 새로이 배워야 한다. 새로운 것을 배우고 적응해야 앞으로 나아갈 수 있다. IT는 이전 것을 잘 알지 못해도 경쟁력에서 뒤지거나 따라가지 못하는 일은 드물다. 늘 새로운 것이 나왔기 때문에 비록 이전 것은 잘 알지 못해도 새로운 것을 열심히 공부해 따라가면 경쟁력이 있다.

앞으로 주목할 기술 세 가지

IT 분야에서 사용자가 앞으로 이해해야 할 주요한 기술 세 가지로 클라우드 시스템, AI 그리고 코딩 역량을 꼽을 수 있다.

이세돌과 알파고의 바둑 대결로 AI에 대한 관심이 고조되기 시작해, 지금 챗GPT에 이르기까지 AI가 IT의 대세가 되었다. AI와 관련해서는 세 가지 정도 기억하면 된다. 탁월한 AI 개발이 가능할 수 있었던 것은 컴퓨팅 파워의 획기적인 발전과 알고리즘 소프트웨어의 개발, 엄청나게 많은 양의 데이터라는 세 가지 조건이 갖추어졌기 때문이다. 현재의 컴퓨터는 과거에는 상상할 수 없었던 계산 능력을 지니고 있다. 이렇게 능력 있는 컴퓨터가 있기에 거대한 자료와 알고리즘 소프트웨어를 수용하는 계산 능력을 갖추게 된 것이다.

요즘은 초등학생부터 코딩을 배운다고 하는데 프로그램을 만드는 것이 코딩이니 그런 것을 배운 적 없는 사람은 코딩 역량이라 하면 겁부터 먹는다. 그러나 코딩 역량은 전문 프로그래머들이 사용하는 프로그램 언어를 배워 전산시스템을 개발하는 일을 말하는 것이 아니다. 코딩 역량은 사용자가 빅데이터를 가지고 직접 자신이 원하는 것을 찾아내는 능력이다. 요즘 회사는 데이터의 중요성에 대해서 인지하고 데이터 축적을 시작했다. 이제는 언제 어디서나 데이터가 넘치는 세상이 될 것이다.

그러한 세상에서 데이터에 담긴 뜻을 알아내는 통찰력이 필요하다. 그것을 찾는 다양한 도구가 이미 많이 나왔다. 대표적인 것이 파이선Python이다. 이 도구 정도는 사용할 수 있도록 준비하는 것이 코딩 역량이다.

마지막으로 클라우드 시스템은 앞서 이야기했지만, 아직은 기존 방식을 전부 대체하지 못하고, 부분적으로 사용하고 있다. 그러나 앞으로 대세는 클라우드가 될 것이다. AI에서 사용하는 빅데이터가 있는 곳이 바로 클라우드가 될 것이다. 이 정도는 누구나 다 알고 있겠지만 만일 클라우드 컴퓨팅 시대가 본격적으로 도래한다면 무엇을 준비해야 할 것인지 알아야 한다. 일단 이것이 활성화된다면 회사는 컴퓨터 시스템을 운영하지 않을 것이고 이 일에 종사하던 사람은 새로운 일을 찾아야 한다. 사용자 요구를 받아서 개발하는 프로그램도 한동안은 유지되겠지만 최종적으로는 하드웨어나 솔루션 등과 같은 과정을 밟게 될 것이다. 변화하는 환경에서 경쟁력이 있다는 말은 기업이나 사회가 여전히 내가 필요하다는 사실을 인정한다는 것이다.

일반 사용자라면 이 새로운 서비스에 관심을 가지면 된다. 클라우드 시스템 사업자들은 사용자가 필요한 것을 미리 준비해 놓았다. 사용자가 원한다면 짧은 시간에 새로운 서비스를 만들 태세도 갖추고 있다. 사용자가 할 일은 그것들을 찾아보고 자신의 업무 목적에 적합한 것을 선택해서 사용하면 된다. 이때도 구매가 아닌 사용료 지급이라는 방식이 될 것이다. 다만 클라우드 시스템을 이용하기 전에 서비스 안정성이나 재해 대응 방안이 잘 준비되어 있는지 정도는 살펴봐야 한다. 특히 데이터 백업은 늘 신경 써서 확인해야 하고, 클라우드 시스템에서 데이터 안전 보관 여부도 꼭 확인해야 한다.

IT 이용 능력이 경쟁력이다

이제는 시스템이 경쟁력이라고 한다. 요즘에는 회사에서 일을 하는 회사원이든 회사의 고객이든 IT 시스템 없이 일하는 것은 상상조차 하기 어려워졌다. 게다가 회사 고객 유치에도 IT의 편의성이 큰 몫을 한다. 고객은 복잡하고 느리며 답답한 IT를 견디지 못하기 때문에 떨어져 나간다. 반면에 사용하기 쉽고 빠르며 복잡하지 않은 시스템이라면 누구나 즐거운 마음으로 사용한다. IT는 무기라는 말이 이제는 하나도 어색하지 않다. 이제는 IT 없이는 도저히 할 수 없는 일이 너무 많다.

IT는 사용자에게는 시간 여유를 주고 업무를 덜어준다. 그래서 새로운 일이 생기면 우선 IT 프로그램부터 만들려고 한다. 그러면 IT 부서는 프로그램을 개발하고 유지·관리를 해야 하니 일은 늘어나고 컴퓨터와 장비도 더 필요하게 되었다. IT 투자의 효과는 전체적인 관점에서 바라봐야 한다. 이제 IT가 실무 그 자체이고 회사 경영인 시대가 되었다. 이제는 IT를 자신의 업무 도구로 사용하고 이를 통해 자신의 역량을 보여줘야 한다.

사용자가 IT를 잘 활용하기 위해서는 IT 작업의 특징을 이해하는 것이 좋다. 곧 사용자들이 원하는 것을 개발하는 개발자들의 특성을 잘 알면 업무에 적합한 프로그램을 개발할 수 있다. IT 개발자는 사용자의 개발 요구 사항이 없이는 한 발짝도 앞으로 나아갈 수 없는 사람이다. IT 개발자는 사용자가 말해주는 요구를 바탕으로 작업을 하기 때문에 사용자는 정확하고 충실하게 요구 사항을 작성해야 한다. 사용자들 스스로 나서 개발자에게 요구 사항을 작성하는 방법을 개발 부서나 개발자에게 배워 쓰는 것이 좋다. 또한 요구 사항 변경은 개발자에게 부담을 주고 일정을 늘리는 결과를 가져온다. 사전에 기획을 잘하면 좋은 프로그램으로 업무 효율을 높일 수 있다.

다음으로 IT가 어렵다는 선입관을 없애는 것이 좋다. IT 기술 원리를 이해하려고 하자면 쉽지 않다. 그러나 IT를 내 삶에 필요한 도구로 생각하면 그 이용법만 알면 된다. 자동차나 TV, 냉장고 등의 작동 원리를 알려고 공부하는 사람은 거의 없을 것이다. 프로그램도 잘 사용하기만 하면 된다. 물론 매뉴얼을 보는 정도의 수고는 필요하다. 하지만 이 또한 가전제품이나 자동차 매뉴얼보다 조금 더 어려울 뿐이다. 편리하게 잘 사용해서 바라는 목적을 쉽게 달성하는 것이 IT의 효용이다.

사용자가 왕이다

복잡하고 불편한 것을 참지 못하는 소비자 때문에 IT가 발전할 수 있었다. IT 발전은 불편 해소의 방향으로 진행되었다. 카카오톡은 대표적인 메신저 앱으로 우리나라 사람들 거의 다가 사용한다. 메신저 앱이 카카오톡만은 아니고 여러 종류가 있지만 이제 와서 다른 것으로 대체하기는 힘들다. 카카오톡은 스마트폰이 보급될 때와 맞추어 빠른 응답 속도, 화면 조작의 편리함, 단순함, 사진 전송 등으로 시장을 선점했다. 일단 앞서서 선점한 다음에는 다른 메신저 앱으로는 대체되기 힘들다. 그것이 바로 카카오톡의 경쟁력이다.

사용자에게는 프로그램 선택의 권한이 있다. 그래서 IT 개발자는 사용자가 편리하도록 설계해야 한다. 시각의 방향은 대체로 왼쪽 위에서 오른쪽 아래로 움직이는 것이 일반적이기에 그에 따라야 한다. 오른손잡이가 많기에 오른손으로 작업하게 하는 것이 일반적이다. 화면도 복잡하게 여럿으로 나누기보다 하나인 것이 단순하고 좋다. 프로그램은 이런 기본적인 것을 전제로 한다.

PC에서 윈도 사용이 본격화되면서 컴퓨터 화면도 텍스트에서 그래픽으로 전환되었다. 이처럼 그래픽 화면을 바탕으로 하는 인터페이스가 바로 GUI^{Graphic User Interface}다. 그리고 마우스를 본격적으로 사용하기 시작했다. 사용자가 화면의 특정 지점으로 키보드를 조작해서 이동하는 것보다 마우스로 원하는 지점으로 바로 가는 것이 훨씬 편리했다. 자연스럽게 텍스트는 줄어들고 GUI가 대세로 자리를 잡았다.

컴퓨터 사용에서 불편함을 이유로 외면당했던 대표적인 것이 공인인증서다. 인증서 자체는 세상에서 가장 강력한 암호체계로 만들었으니 이보다 더 안전한 것은 나오기 어려울 것이다. 그러나 이런 첨단의 기술도 마이크로소프트사 제품과 연동하는 방식으로 개발해서 사용자들이 불편함을 호소하게 했다. 제아무리 보안이 뛰어나고 첨단 기술이 적용된 제품이라도 사용자가 불편하게 여기면 시장에서 퇴출될 수밖에 없다는 사실을 보여준 사례다.

스마트폰이 등장하면서 모바일 서비스가 일상화되었다. 사용자로서 최대한 편리하고 좋은 경험을 갖도록 하려는 노력의 결과다. 모바일 앱에서 사용자의 선택은 다르지 않다. 간편하고 빠르며 좋은 서비스를 원한다. 게다가 이제는 다른 대안이 있다면 앱을 간단하게 삭제하고 다른 앱으로 갈아타는 데 아무런 거리낌도 없다. 나 또한 불편하고 별다른 이득이 없다고 판단하면 미련 없이 옮겨 간다. 소비자는 냉정하지만 선택은 현명하다.

요즘은 은행 앱에서 치열한 전쟁이 벌어지고 있다. 카카오뱅크가 처음 나왔을 때 공인인증서를 사용하지 않고 최대한 사용자에게 편리한 방법을 취했다. 그렇다고 보안을 소홀히 하지는 않았을 것이다. 다만 보안에 문제가 생기면 모든 책임은 은행이 지고 가겠다고 결정했을 것이다. 처음에는 사용자 편의 면에서 시중은행과 카카오뱅크의 차이는 컸다. 점포가 있는 은행에 대한 규제 때문이라 했지만 다른 시중은행도 노력을 많이 해서 이제는 거의 차이가 나지 않는다. 이제는 토스뱅크까지 나타나 치열하게 승부하고 있다. 최종 승자는 편리한 기능, 빠른 시스템과 여타 고객이 좋아하는 서비스에서 이긴 은행이 될 것이다.

4장

임원
생활

1. 임원이란

대기업에서 직원이 바라보기에 임원은 이상한 존재다. 대개는 사무실도 분리되어 잘 보이지 않는다. 비서도 있고 차도 회사에서 내주고 회의는 줄곧 하는데 하는 일은 별로 없는 것 같다. 점심이나 저녁은 주로 손님 만나 좋은 식당에 가서 맛있는 걸 먹고 술도 좋은 술만 마신다. 주말이면 골프 치러 나가는 것 같고, 일반 직원은 꿈도 꾸지 못하는 평일 골프도 친다. 일은 직원들이 다 하는데 월급은 직원보다 어마어마하게 더 받는다고 한다. 도대체 그들이 무엇을 하길래 그렇게 대접을 받는지 납득이 가지 않는 직원들도 많을 것이다. 임원의 역할을 아는 부장이나 차장급 간부를 제외한 일반 직원들이 그렇게 생각하는 것도 무리는 아니다.

회사는 왜 임원을 대우하나

임원이 직원보다야 적겠지만 대기업에는 여러 임원이 많다. 위로는 회장과 부회장도 있고, 사장, 부사장, 전무, 상무, 감사 등 여러 직위의 임원이 있다. 큰 회사는 사장이 여럿 있는 사례도 있으며 전무나 상무도 각기 직책과 맡은 업무가 따로 있다. 아주 큰 회사는 수백 명 이상의 임원이 일하고 있기도 하다. 그렇다면 임원은 왜 이리 많을까? 그리고 그 많은 임원은 과연 어떤 일을 해서 회사의 성장과 이익을 가져올까? 이런 의문이 저절로 생길 것이다.

직장인의 꽃은 임원이라고 한다. 그래서 직장인들은 임원으로 승진하려고 노력한다. 물론 모두가 그런 것은 아니다. 얼마 전 어느 금융기관 부장은 임원으로의 승진을 거절했다고 한다. 직장인은 어느 정도 정년이 보장되지만 임원은 대개 2년 계약직에 지나지 않으니 그럴 수 있다. 요즘은 승진을 빨리 시켜서 40대 후반부터 50세에 임원이 되고 그보다 더 빠른 경우는 30대 후반에 임원 경력을 시작하는 예도 있다. 임원 재직 기간은 예전에는 5년 정도는 되었지만 최근에는 한 번만 계약하고 끝나는 경우도 꽤 있다. 그러면 너무 일찍 그만두게 되어 실직 기간이 길어지기에 안정된 직장을 생각한다면 일찍 임원이 되는 게 바람직하지 않을 수도 있다.

여하튼 임원이 되는 것은 군대에 비유하자면 별을 달고 장군이 되는 것과 같다. 임원이 되면 회사 안의 위상이 현저하게 달라진다. 우선 월급이 오른다. 가끔 초임 임원은 그다지 차이가 나지 않는 일도 없지는 않지만 연차가 더해질수록 확연한 차이가 있다. 임원 몇 년 동안 버는 것은 부장 몇 년 버는 액수와는 비교할 수 없다. 전무나 대표이사 사장까지 승진하면 보상 역시 크게 달라져 초임 임원의 몇 배가 될 수도 있다.

또 임원이 되면 근무 환경도 달라져 근무 공간도 여럿이 같이 쓰는 것이 아니라 대략 6~10평 규모의 개인 사무실이 따로 있다. 임원 직급이 올라갈수록 공간은 더 커진다. 사무실만 커지는 게 아니라 책상이나 의자와 같은 집기와 비품의 수준도 달라진다. 언젠가 호기심에 내가 쓰는 책상과 의자의 값을 물어보고 상상을 초월한 금액에 깜짝 놀란 적이 있다. 사무실 공간과 설비를 뛰어넘는 장점은 전담하는 비서가 함께하는 것이다. 임원은 비서의 지원으로 회의나 외출로 인한 부재 시 연락과 여러 가지 잡무에서 벗어나 할 일에 더욱 집중할 수 있다.

또 임원이 되면 대개 회사에서 차량을 제공한다. 보통 중대형 차량으로 시작해서 승진하는 단계마다 승용차 등급도 격상된다. 차량만 주는 것이 아니어서 차량 정비나 세차, 주유까지 관리에 신경 쓸 필요가 없이 운행과 관련된 전부를 지원한다. 다만 교통법규 위반 등과 관련된 범칙금까지 회사가 부담하지는 않는다. 개인의 일탈이나 위법 행위에 대한 책임은 늘 스스로 져야 하는 것이다.

이렇게 임원을 대우하는 비용은 모두 회사에서 부담한다. 임원 한 사람에게 드는 비용은 직원 몇을 합친 것보다도 많다. 이윤의 추구가 절대적인 목표인 회사에서 임원에게 이렇게 많은 투자를 하는 것은 그만큼 기대가 있다고 생각할 수 있다. 곧 임원은 회사가 극심한 경쟁 속에서 잘 헤쳐나갈 수 있도록 방향을 잡는 존재이기 때문에 좋은 인재를 임원으로 임명해 본연의 업무를 잘 수행하도록 최대한 지원하는 것이다.

임원의 권한

임원이 되면 대우가 좋아지기도 하는 한편 다른 권한도 커진다. 직접 실질적인 일은 하지 않지만 전체를 보면서 조직이 갈 방향을 정하기 때문이다. 임원은 자기 권한 아래 있는 조직을 자신이 생각하는 방향으로 끌고 갈 힘이 있다. 어떤 조직에 있는 사람은 누구나 자기 조직을 더 강하고 효율적인 조직으로 만들고자 하는 욕심이 있다. 회사 또한 조직이니 당연히 그런 조직으로 만들고 싶어 한다. 그러나 그 안의 조직원으로 일하면 전체적인 모습을 보지 못하기에 어떤 방향으로 개선해야 하는지 알기 힘들고 그럴 힘도 없다.

그러나 임원은 조금 떨어져 나와 조직이 움직이는 것을 볼 수 있기에 문제점을 쉽게 파악할 수 있다. 또한 조직을 바꾸려면 자신의 권한 아래 있는 조직뿐 아닌 전체 조직과의 관계도 살펴야 한다. 조직 사이의 이해관계를 떠나 전체 조직이 유기적으로 움직여야 적절한 변혁을 꾀할 수 있다. 곧 임원은 회사의 미래를 위해 무엇이 필요한지 파악하고 그 방향으로 조직을 이끄는 것이다. 임원은 조직을 개선해 조직원들로 하여금 성취감을 느끼게 해야 한다.

임원은 또한 조직에 목표를 제시하고 구성원이 목표를 위해서 힘을 모으도록 고취한다. 임원에게는 구성원들에게 목표를 결정해서 제시하는 권한이 있다는 말이다. 회사의 목표를 지향하며 더 좋은 회사를 만들기 위한 노력을 집중해서 실행하는 것도 임원의 임무와 권한이다. 이런 권한을 갖고 있기에 임원은 직원의 채용이나 배치, 승진, 권한 위임 같은 데 그 권한을 행사하기도 한다.

또한 임원은 회사를 대표하는 존재이기 때문에 외부에서 보는 시각도 달라진다. 곧 외부인들은 부장은 실무 책임자로 보지만 임원은 그 회사의 방향을 이끄는 사람으로 본다. 그래서 외부에서 보는 눈길이 다르기에 대우가 달라지는 것을 느낀다. 더군다나 그것이 회사 업무와 관계된 회사의 사람들이라면 더하다. 임원은 결정하는 권한을 가진 사람이라 대하는 태도가 다르다.

그러기에 임원이 되면 외부의 높은 사람들과 대등한 관계로 교류할 기회가 늘어난다. 인적 교류의 폭이 훨씬 넓어지는 것이다. 그들은 큰 권한을 가진 사람들이기 때문에 고급 정보에 접할 수 있고 아이디어를 얻으며 사업 협력 방안을 생각해 내는 일에도 유리하다. 직원일 때는 직장안의 인간관계가 중심이었다면 임원은 직장을 넘어서 외부와의 교류를 넓힐 수 있다. 사회적 교제에 있어서 임원은 우물 안 개구리를 넘어 큰세상으로 안목을 키울 기회를 얻고, 그 조건이 좋아진다.

2. 임원이 일하는 방법

모든 조직에는 회의가 있고 혼자 일하는 직장인이 아니라면 회의를 피할 수 없다. 회의는 서로 의견을 교환하고 목표를 확인하며 업무를 나누고 다른 사람이 무슨 일을 하는지 공유하는 일이다. 그러기에 임원이 회사의 방향과 정책을 결정하고 일의 진행을 파악하기 위해서는 회의가 많을 수밖에 없다. 회의 주기에 따라 주간, 월간, 분기, 연간 회의가 있으며 임시 회의도 있다. 또한 부서 단위의 회의도 있고 관련 부서들이 함께 하는 회의도 있다. 그리고 외부의 협력사들과 하는 회의도 있다.

임원의 회의

평직원일 때는 업무가 한정되어 있어 회의가 많지 않지만, 임원의 경우는 회의가 일상이라 할 만큼 참석해야 할 회의가 많다. 임원은 자신이 관할하는 부서들이 어떻게 일하는가를 회의를 통해 파악한다. 게다가 임원이란 자기 영역만 알아서는 안 되는 법이다. 회사에서는 보통 임원들이 회사 전체의 움직임을 알기 위해 여러 임원이 모여서 하는 임원 회의가 매월 있게 마련이다. 해마다 회사의 전략을 수립해서 공유하기 위한 '경영전략 회의'는 매년 열린다. 회사 매출이 가장 중요한 정보이기에 분기 1회 실적 점검을 위해 하는 '영업전략 회의'도 있다. 영업전략과 같은 것은 다른 업무를 관할하는 부장은 참석하지도 않는다. 또한 외부 업체와의 회의나 특정 사업이나 프로젝트 등에 관련된 회의도 있고, 특정 사안에 대해서 심도 있는 논의를 위해 관련자만 모아서 하는 회의도 있다.

임원은 회의가 많아서 어떤 날은 하루 종일 회의만 하기도 한다. 그것은 임원이 파악해야 할 일과 결정해야 할 일이 많기 때문이다. 그러기에 임원이 회의를 효율적으로 해야 함은 필수다. 효율적인 회의를 위해서 참석자는 자료를 읽어 내용을 숙지해야 하고 질문이나 발언 내용도 미리 준비해야 한다. 또한 회의 진행자라면 요지와 발언 내용을 중간에 잘 정리하고 회의를 마칠 때에도 회의의 결론과 일의 분배까지 확실하게 정리하는 것이 좋다.

회의가 잦은 임원은 회의 진행 방식을 잘 알고 있어야 하고 회의를 이끄는 기술이 탁월해야 한다. 임원이라 해서 직위의 힘으로 지시만 할 수 있는 것은 아니다. 임원이 진행하는 회의는 회사의 의사결정 가운데 큰 의사결정을 하는 회의가 될 수 있다. 그래서 임원이 사회를 보면서 진행하는 회의는 목표 지향적인 결론이 명확하게 정리될 수 있게 준비하고 그렇게 되도록 노력해야 한다. 임원은 최종 의사결정을 해야 하며 최종 결론에 대해서 책임져야 한다.

임원과 사업계획

임원은 또한 매년 사업계획을 작성한다. 사업계획은 앞으로 1년 동안의 목표와 수행할 업무, 그리고 여기에 어느 정도 예산이 필요한지를 체계적으로 기술한 문서다. 곧 회사의 이듬해 방향을 천명하고 이를 수행하겠다는 방향 설정이 사업계획인 셈이다.

사업계획은 계획일 뿐이다. 모든 사항이 계획대로 진행되는 경우는 별로 없다. 그렇다고 사업계획이 필요 없는 것은 아니다. 한 해가 경과하고 나서 살펴보면 전체적인 그림에서 볼 때 계획에 따라 진행된 경우가 더 많다. 어차피 해야 할 일이라면 하게 될 터인데 굳이 계획을 수립하는 것은 그래야만 자원을 배분할 수 있기 때문이다. 계획 수립은 우선순위를 정하고 어떤 사업에 어느 정도의 자원을 투입해야 한다는 가늠을 세우기 위함이다.

임원으로서는 되도록이면 많은 일을 하고 싶어 한다. 하지만 인원과 자원은 유한하기에 우선순위가 필요하다. 너무 일을 몰아붙이면 직원들은 피로감을 느낀다. 또 비용의 지출에도 한계가 있다. 그렇기에 임원은 반드시 해야만 하는 일을 하려고 한다. 그래야 그 기반 아래에서 다음 사람이 다른 일을 진행할 수 있다.

임원은 만들어 놓은 사업계획 진행 상황을 매월 단위로 확인해야 한다. 계획 대비 진행을 살피고 진행에 있어 부족한 것과 지원이 필요한 것은 바로 조처해야 한다. 임원은 최종적으로 책임져야 하기에 계획이 수행되는 것을 면밀하게 살피고, 여러 직원의 의견을 들어야 하며, 종합적인 상황을 판단해 결정해야 한다. 임원은 늘 경청하고 주시해야만 마지막에 좋은 의사결정을 내릴 수 있고, 자신이 세운 사업계획 목표에 가까이 다가갈 수 있다. 이것이 바로 바로 임원이 해야 할 일이다.

행사 참석도 임원의 의무

임원은 회의와 사업계획만이 아니라 회사의 행사에도 참석해야 한다. 자신의 부서만 아닌 회사를 대표하기 때문이다. 보험회사에는 '연도 대상'이란 행사가 있다. 보험에서는 매출이 가장 중요한데 좋은 실적을 거둔 사람을 표창하고 시상하는 자리다. 당연히 보험회사의 수입은 매출이 없이 이루어지지 않으니 가장 중요한 행사다. IT를 담당하는 부장일 때는 참석하지 않았지만 임원이 되어서는 반드시 참석해야 하는 중요한 행사다. 임원에게는 군대의 장군처럼 병과가 없기에 회사 차원의 큰 행사는 반드시 참석해야 한다.

이런 행사 참석은 내가 하는 일의 근본적인 의미를 되새기게 한다. 우리가 사무실에 앉아서 일을 할 수 있는 것은 모두 이들이 열심히 일한 결과이고 이들 덕분에 회사가 존립하는 것이다. 결국 회사의 여타 업무는 이들을 지원하는 것이 주된 목적인데 때로는 지원하는 사람이 주인인 양 행세하기도 한다.

행사에서 수상하는 분들에게 배울 수 있는 것도 많다. 수상자는 아무것도 없는 상황에서 어려움을 참고 인내하며 하나씩 성과를 만든 것이다. 그 막막함과 노력을 생각하면 현장 영업이란 것이 아무나 쉽게 할 수 있는 일이 아니라는 생각이 새삼 든다. 수상자를 살펴보면 일단 한번 상을 받은 사람은 해를 거듭해서도 계속 수상한다. 원래 실적을 꾸준히 유지하면서 새로운 고객을 확보해 나가기에 점점 더 큰 상을 받는다. 회사의 직원들도 가만 보면 처음 잘하던 사람이 나중에도 잘한다.

영업은 힘든 일이다. 잠재 고객에게 말을 붙였다가 거절당하는 일이 흔하고, 그렇게 되면 마음에 상처가 생긴다. 또 거래처 하나를 늘리려면 반복해서 발품을 팔아야 한다. 그렇게 공을 들이고도 수포가 되는 일이 비일비재하다. 그런 어려움을 겪고 나서야 한 건의 계약이 성사된다. 그 노력을 생각하면 책상 앞에 앉아 일하면서 어렵고 힘들다며 푸념하는 많은 직장인들은 자신을 다시 한 번 돌아볼 필요가 있다. 회사의 매출은 이렇게 어렵게 해내는 영업의 노력을 모두 모은 것이다. 행사 참석은 내가 서 있는 자리를 확실하게 알리는 좋은 기회인 셈이다.

임원은 채용 면접도 본다

임원이 되고 나서 새롭게 부여되는 임무가 사람 보는 일이다. 임원은 직원 채용 면접에 참여하는 일이 많아진다. 기업에서 공을 들여 직원을 채용하는 것은 미래가 달린 중요한 일이다. 기업이 성장하려면 좋은 인력이 필요하다. 임원이 면접을 담당하는 것은 오랜 조직 경험으로 사람을 보는 눈이 생겼다고 인정하기 때문이다.

물론 사회와 인생 경험이 풍부하면 사람에 관한 판단이 더 나을 수 있지만 꼭 그런 것만은 아니다. 그래서 회사에서는 채용 면접에 앞서 면접하는 사람을 교육한다. 아 교육을 통해 응시자를 파악하는 법과 자기 자신을 객관적으로 바라볼 기회를 얻는다. 곧 교육은 편견이나 왜곡의 가능성을 털어내고 회사에 꼭 필요한 좋은 인력을 발굴하는 역량을 강화한다.

채용 면접에 앞서 그에 대한 정보가 제공된다. 여기서 가장 중요하게 살펴보는 것이 자기소개서다. 그러나 요즘은 자기소개서 쓰는 법을 학원에서 가르치고 있어서인지 거의 같은 형식과 표현으로 내용으로 쓰여 있어서 한 번 읽는 것으로는 차이를 알기 어렵다. 여러 번 자세하게 읽으면 형식 속에 가려져 있던 지원자의 진짜 모습을 발견하게 된다. 임원들 역시 그 시간을 지나면서 성장한 사람이기 때문에 형식이 본질을 가리기는 쉽지 않다.

면접을 시작하면 사실 확인과 관련 사안에 대한 견해를 물어보는 질문을 한다. 질문의 목적은 답변의 맞고 틀림을 보는 게 아니라 대답하는 자세를 관찰하려는 것이다. 이 과정에서 자연스럽게 사람이 드러나게 된다. 채용 면접에서 모든 면접관은 응시자의 인성에 관심을 가진다. 사람의 인성이나 태도는 갑자기 만들어진 것이 아니기 때문이다. 또한 결과를 보면 서로 논의하지 않아도 대부분 면접 결과는 비슷하다. 대부분 SKY 출신은 어느 회사에서나 선호하지만 그 이유만으로 회사에 적합할 것으로 판단해서 선발하지는 않는다.

CEO에게 하는 보고도 있다

임원의 일 가운데는 보고도 있다. 임원이 보고하는 상대는 대부분 CEO다. CEO는 회사에서 진행되는 중요한 내용들에 대해서 보고를 받는다. 회사 안의 많은 부서 단위 조직에서 중요하다고 생각하는 것들을 정리해 임원이 보고하는 것이다. 보고할지 말지의 결정 기준은 사안의 중요성이다. 또한 보고에는 칭찬받을 보고와 꾸중 들을 보고 두 가지가 있다.

꼭 해야 할 보고라면 좋은 보고는 자신이 하고 나쁜 보고는 남이 하는 것을 바라는 것이 인지상정이다. 더군다나 임원은 임시직이기에 살아남기 위해서도 좋은 보고를 하고 싶다. 그렇기 때문에 임원 생활 중에 부정적인 보고를 해야 할 때가 오면 비겁해지고 싶다는 생각마저 든다.

그러나 임원이 직접 보고하는 것이 더 좋은 때가 있다. 대표적인 것이 사건·사고와 관련된 것이다. 이런 내용을 보고하면서 칭찬받을 일은 없지만, 임원이 보고하면 자신의 권한 안에서 확실하게 수습할 수 있기에 그렇다. 보고받은 CEO도 임원에게서 그런 말을 듣길 원한다. 문제는 이미 벌어졌는데 실무자가 보고하면 CEO는 갑갑할 것이다.

직원을 칭찬하는 보고도 임원이 직접 나서는 것이 좋다. 직원이 스스로 높은 사람 앞에서 제 자랑을 할 수 없다. 그러니 임원이 앞으로 성장시켜야 하는 직원, 다음 리더로 키워야 하는 직원, 특별한 업적이 있는 직원의 성과를 CEO 앞에서 보고하면 CEO는 이를 유념해 앞으로의 인사에 참고한다. 또한 총괄적인 상황을 보고할 때도 임원이 보고하는 것이 옳다. 실무자는 부서 단위로 나뉘어 있어 다른 부서의 일을 잘 모를 때는 조직을 여럿 지휘하는 임원이 가장 잘 알고 판단할 수 있기 때문이다.

임원의 보고에는 힘이 있다. 부장이 보고하면 혼날 일도 임원이 보고하면 대개 잘 수습이 된다. 임원은 때로 욕먹을 각오를 하고 나서야 한다. 그렇다고 해서 임원의 얼굴을 봐서 적당히 넘어갈 것을 기대하고만 있어서는 안 된다. 임원은 때로 욕먹을 각오를 하고 나설 필요도 있다. 사고가 발생했다면 실무자에게 보고를 떠넘길 게 아니라, 조직을 맡은 책임자가 나서서 모든 설명을 하고 책임지고 수습하겠다고 하는 것이 옳다. 스스로 당당한 것이 가장 소중한 자산이다. 임원은 직원에게 실망을 주는 행동을 해서는 안 된다.

3. 임원의 사교 활동

임원이 노는 자리라고 생각하는 이유는 대개 술자리도 많고 골프도 자주 치기 때문이다. 물론 직원이라고 해서 술자리가 없고 골프를 안 치는 것은 아니지만 임원의 그것과는 여러모로 다르다. 직원은 횟수도 적거니와 개인이 비용을 써가며 업무 시간 이외에 하는 것이지만, 임원은 일로 하는 경우라면 업무 시간에 할 수도 있고 비용을 회사에서 내주기도 한다. 어떻게 보면 노는 데 회사가 시간과 비용을 대주는 것이라고 할 수 있다. 임원은 회사 밖의 사람들과 교류하면서 회사 발전에 도움이 되는 활동을 해야 하기 때문이다. 이런 일을 대외 활동이라 한다.

감독 기관 또는 다른 회사

대외 생활을 말할 때 금융에서 가장 중요한 곳은 감독 기관이다. 보험회사 입장에서 '금융 감독 기관'은 영향력이 아주 큰 곳이기 때문에 언제나 관심을 기울이고 살펴야 하는 곳이다. 임원들이 감독 기관을 관찰하는 목적은 정보를 얻는 것이다. 감독 기관에서 결정된 정보는 묻지 않아도 모두 공개가 된다. 그럼에도 관심을 쏟아야 하는 이유는 그런 결정에 이르기까지의 과정을 알아야 하기 때문이다. 그 과정을 살펴야 공개된 정보의 실체를 정확하게 알 수 있다. 정보는 회사가 나아가는 방향, 집중해야 할 포인트에 영향을 크게 준다. 변화를 사전에 인지하고 대응하는 것은 아주 중요한 일이다.

임원의 대외활동 가운데 업계 다른 회사 임원과의 교제도 있다. 업계의 다른 회사들도 각자 자신들이 능력과 상황에 맞춰 성장하기 위해서 노력한다. 무엇보다도 같은 업계에서 가장 앞서기 위해서 경쟁한다. 하지만 업계에서 경쟁만이 있는 것은 아니라 서로 협력해야 할 일도 많다. 예를 들면 감독 기관의 감사에 대한 정보 같은 것들이다. 회사끼리는 경쟁할지 몰라도 임원끼리는 경쟁할 이유가 없기에 만나서 필요한 이야기를 하기에 불편함이 없다.

특히 보안 담당 CISO로 재직할 때는 다른 회사 임원들과의 만남이 빈번했다. 보안 담당은 '한 번이라도 뚫리면 집에 간다'는 고민을 같이하고 있었고 그런 사고를 미리 예방할 수 있는 것이 최우선 목표였기 때문이다. 그래서 회사의 CISO들은 정보공유에 인색하지 않았다. 무엇을 물어봐도 그들은 모든 사항을 말했기에 궁금했던 것들을 대부분 다 해소할 수 있었다. 회사의 IT를 책임지는 CIO일 때는 성격이 달랐다. CIO들의 공통된 목표는 회사의 비즈니스 성장을 지원하는 것이었기에 경쟁사가 무엇을 하고 있는지가 궁금한 부분이었다. 다른 회사 임원을 만나는 것은 경쟁사의 움직임을 알기 위해서였다. 경쟁사에게 모든 것을 다 이야기해줄 수는 없었지만 적정한 수준에서 정보를 공유하며 협력할 수는 있었다.

또한 대외 활동이 동종 업계에 한정되는 것보다 다른 업종과 이루어지도록 노력하는 것이 바람직하다. 같은 금융기관일지라도 은행·증권·보험 등 여러 분야와 교류하는 것이 좋다. 업종이 다르면 경쟁 상대로 의식하지 않기에 오히려 배우는 것이 많을 수도 있다. 나는 보안 책임자로 있을 때 은행의 보안 기준을 눈여겨보았다. 은행의 실질적인 보안 수준은 최상의 수준이기 때문에 눈높이를 높이 가져가고자 노력했다. CIO 업무를 수행할 때는 은행과 증권사들의 재해·재난 대응 방안을 알고자 노력했다. 재해·재난 상황이 가져오는 영향은 상당히 크고 치명적이기 때문이다. 그렇게 얻어진 정보를 기반으로 우리 회사의 대응 방안을 정리할 수 있었다.

뭐 하러 새벽에 나가서

임원이 되자 회사에서 조찬 모임을 안내해 주었다. 전국경제인연합회, 한국능률협회, 한국생산성본부, 한국표준협회 등 대략 7개 기관에서 개최하는 조찬 모임이 있었다. 조찬 모임은 아침 6시에 시작해 대략 9시 정도에는 끝난다. 업무와 관련된 것이나 관심 있는 주제를 골라 신청하고 참석했다. 강의 시작에 앞서 10명 안팎의 사람이 앉는 테이블에서 아침 식사를 하며 같은 테이블의 사람들과 명함을 나누고 이런저런 이야기를 한다. 호기심이 많은 나는 다른 업종의 사람들에게 궁금했던 것을 물어봤다. 이렇게 얻은 정보가 정확하기도 하고 때로는 유용했다.

강의는 대략 100분 정도로, 내용은 대개 그 시점에 관심도가 높은 것들이었다. 이를 통해 기업 경영과 관련된 트렌드를 알 수 있었고, 평소 부분적으로 알고 있던 것들을 종합적으로 정리하는 시간이 되었다. 조찬 모임을 즐기는 사람은 될 수 있는 대로 빠지지 않고 매번 참석한다. 또 모임 하나만 참석하는 것이 아니라 시간이 허락하는 한 전부 참석하려고 한다. 나 또한 그랬다.

아침잠을 줄여가며 새벽에 나오는 것은 꼭 강의 때문만은 아니다. 정보에 목마른 갈증을 해결해 주는 시간이었다. 책을 읽어도 미흡하다 느껴지는 이야기를 저자가 해결해 줄 때도 있다. 조찬 모임에 꾸준히 참석하며 새로운 지식이 축적되고 세상의 흐름이 보이는 것을 느낄 수 있었다. 이런 지식이 쌓여 비로소 통찰의 힘이 생긴다.

조찬 모임의 참석자는 대개 대기업 CEO와 임원, 중소기업 CEO와 임원, 금융·제조 등의 업종에서 일하는 다양한 사람들이다. 그렇게 수백 명의 사람들이 아침 일찍 나와 강의를 듣고자 함은 일을 하기 위해서는 해야 할 공부가 많다는 것을 알기 때문이다.

골프란 무엇인가

요즘 직장의 간부들은 원하든 원하지 않든 골프를 쳐야 하는 시대가 되었다. 물론 이제 골프는 직장 생활 초년생들도 많이 친다. 초년생들이 골프를 치는 것은 앞으로 골프 치는 것이 필요하다는 생각과 오락을 겸하는 이유에서일 것이다. 그러나 골프는 돈이 많이 들어가는 부담스러운 운동이다. 더군다나 열심히 해도 잘 치지 못하는 사람도 있고 또 잘 치려면 그만큼 시간과 돈을 들여야 한다. 그래도 기왕 치려면 잘 치는 것이 좋고 사교를 목적으로 하더라도 잘 쳐야 한다. 싱글까지는 몰라도 적어도 90타 언저리는 쳐야 소기의 목적을 이룰 수 있다.

고객을 상대하는 영업직 사람들은 대부분 아주 잘 친다. 골프를 칠 때 고객이 공을 보내는 방향으로 자신의 공도 보내면서 자연스럽게 친분을 쌓는다. 업무상 자주 접대해야 하기에 잘 치는 것이다. 역시 필요가 있어야 잘하게 되는 법이다. 임원도 영업과 관련된 업무를 하는 사람이 대부분 골프를 잘 친다. 그렇지 않은 사람들은 80대 후반에서 90대 후반을 친다.

나는 대략 부장이 된 뒤 2년쯤 지나 골프를 배웠다. 물론 자의가 아니라 타의에 의해서 배웠다. 연습장에 가서 7번 아이언을 가지고 시작했다. 골프 실력은 연습에 비례하고 위기 대응 능력이 중요하다는 사실을 알게 되었다. 골프는 오늘 잘 쳤다고 해서 내일도 잘 칠 수 있는 운동이 아니다. 임원들 가운데 골프를 치지 않는 사람은 거의 없다. 임원이 골프를 치는 이유는 사람들을 만나기 위해서다. 골프처럼 4시간 이상 함께 지낼 방법은 별로 없다. 골프를 마치고 식사를 함께 하는 경우라면 6시간 이상 같이 있게 된다. 술자리는 3시간을 넘기기도 힘들고 취하면 기억도 잘 안 날 뿐더러, 이튿날 숙취로 어려움이 많다. 부장 시절 나도 억지로 골프를 시작했지만 그나마 부지런히 연습해서 임원 시절 무난한 골프 생활을 할 수 있었다.

회식, 접대, 와인

직장 생활을 하면서 피할 수 없는 것이 각종 회식과 접대의 자리다. 이런 자리는 대개 식사만으로 끝나지 않고 술자리가 이어진다. 술은 스트레스 해소도 되지만 과음으로 인한 숙취가 여간 괴로운 것이 아니다. 젊을 때는 그런대로 술을 이길 수 있지만 나이가 들수록 몸이 힘들어 술자리를 피하고픈 생각이 든다. 그런데 술 가운데 와인은 또 분위기가 다르다. 와인이 있는 자리는 대개 식사를 함께 하고 이야기를 나누면서 과음으로 넘어가는 일은 드물다. 더군다나 임원이 될 때면 나이가 있기에 과음은 힘들고 그리 독하지 않은 와인 정도가 적당하다.

신입 사원 교육을 받을 때 와인에 대해서 처음 호텔 지배인 강의를 들었던 기억이 있다. 그때 와인은 좋은 술이란 인상은 있었지만 실제 와인을 마실 기회가 거의 없었다. 부장 시절에도 와인 교육을 받은 기억이 있다. 하지만 와인은 복잡하고 미묘한 세계라 몇 시간 정도 교육으로는 관련 지식을 쌓기 어렵다. 더군다나 나는 접대할 일이 거의 없는 보직이었기에 와인을 마실 일이 없을 것 같았다.

임원이 되고서도 와인 생각은 없었다. 그러던 어느 날 CEO가 저녁을 하자고 하면서 참석자에게 각자 5만 원에서 10만 원 정도 하는 와인을 한 병씩 들고 오라고 했다. CEO는 법인 영업을 했기에 와인 쪽에는 해박했는데, 아마 임원 교육을 위한 목적에서 사람들을 초대했을 것이다. 나는 그저 와인 가게의 추천을 받아 준비했다. 각자 준비한 와인을 모아 마실 순서를 정했다. 어떻게 알고 순서를 정할 수 있을까? 얼마나 공부해야 저것이 가능할까? 이런 것들이 마냥 신기하게만 생각되었다. 그날 와인과 음식이 잘 어울린다는 것도 처음 알았고, 와인의 세계란 깊고 오묘한 것임을 처음으로 실감하게 되었다.

외부 모임에서도 와인을 마시는 일이 차츰 늘어났으며, 행사에 가면 예외 없이 와인이 나왔다. 그렇게 와인을 마시면서 좋은 와인을 마셔보는 것과 본격적인 와인 공부가 필요하다는 것을 새삼 느끼게 되었다. 그래서 와인에 관한 책도 읽고 관심 있는 와인을 마셔보기도 했지만 나에게 와인은 여전히 어렵다. 이제는 새로운 와인을 만나면 무엇인지 찾아보고 대략 어떤 것인지 이해할 정도는 되었다. 그리고 비싼 와인보다는 적정한 가격에 맛 좋은 와인을 찾을 줄 아는 것이 진정한 실력임을 깨닫게 되었다.

나는 여전히 와인 공부가 미진하지만, 임원이라면 와인에 대해 해박한 지식을 갖추는 편이 훨씬 좋다고 생각한다. 와인에 대한 지식이 필수라고 할 수는 없다. 그렇지만 좋은 와인을 알고 식사에 맞는 와인을 고를 줄 알고 좌중에서 그 와인에 얽힌 많은 이야기를 해줄 수 있는 사람은 그렇지 못한 사람보다 훨씬 더 대접받을 수 있다. 그렇게 된다면 사람과의 만남에 윤활유가 흐를 것이며 만남의 목적도 잘 달성될 가능성이 높아질 것이다. 임원이라면 와인 공부와 경험이 풍부할수록 좋다.

4. 임원의 능력 개발

지금 시대는 변화가 빠르다. 50년 전만 해도 컴퓨터와 인터넷이 세상을 이렇게 바꿔놓을 줄은 몰랐다. 30년 전만 해도 지금처럼 휴대전화가 유용할 것이라곤 상상도 하지 못했다. 세상은 너무도 빠르게 바뀌니 그에 따라 기업도 바뀌지 않을 도리가 없다. 당연히 기업에서 회사 진로를 선택하고 결정하는 임원도 변화해야 한다. 임원은 시대를 따라가기 위해서 부지런히 능력 개발에 힘써야 한다. 그러면 어떻게 능력을 개발할 것인가?

책 읽기가 기본이다

사람은 배우는 일을 멈추면 성장도 멈춘다. 배움이라고 하면 가장 먼저 떠오르는 것이 공부와 책 읽기다. 임원이 되어서도 나는 적극적으로 필요한 것을 배우고자 노력했다. 임원이 된 다음에도 기회만 되면 신청했던 '경영자 독서모임'이라는 교육 프로그램이 있다. 경영자 독서모임은 먼저 20권의 책을 선정해 매주 1권씩 읽었다. 이 프로그램의 특징은 다 읽고 나면 책을 쓴 저자 또는 번역자가 강의를 해준다는 점이다. 저자가 직접 강의했기에 읽은 책에 대한 정리도 잘되었지만, 온전한 감성이 살아 있는 독서 체험으로도 그만이었다.

이 프로그램은 참석자가 상당했다. 10년 이상 꾸준히 참석한 사람들도 많았다. 나는 이 모임에 처음 가서 100명이 넘는 참석자들이 그 오랜 시간 책을 읽고 공부하는 모임이 있다는 것에 깜짝 놀랐다. 어떤 금융그룹 회장도 명단에 있었는데, 자주 강의실에 나타나 책을 들고 자리에 앉아 다른 사람들과 같이 강의를 들었다. 더 놀라웠던 것은 책을 읽고 강의를 듣고 난 이후 술자리를 갖는 등의 뒷풀이 시간이 없었다는 것이다. 오로지 책을 읽고 공부하는 것만 있었다. 그런데도 꾸준히 교육 프로그램이 살아남을 수 있었다.

나는 이 프로그램을 좋아했다. 가장 좋았던 것은 책의 저자가 현장에서 본인이 쓴 책의 내용을 직접 해설하는 강의였다. 이것이 예상보다 훨씬 좋았다. 저자가 직접 이야기하니까 읽었던 내용과 현실의 저자 모습과 말이 서로 조응해 새로운 이해가 생기는 듯한 느낌이 들었다. 저자들도 참석자 명단을 보고 꼭 가서 강의해야겠다 생각했다고 말했다.

또 다른 장점이라면 주제가 있는 학습을 하는 것이었다. 예를 들면 중동과 관련된 책을 4권 정해서 중동 문제를 집중적으로 탐구한 적이 있었다. 주로 중동과 관련된 학자나 기자 등 관련 분야 전문가가 쓴 책을 읽고 그들의 강의를 들었다. 이 정도로 전문가가 될 수는 없겠지만 일반인으로는 거의 전문가에 가까운 지식에 접근할 수 있는 것이 장점이었다. 이렇게 공부하면 짧은 시간에 중동 전체에 대한 그림을 그릴 수 있었다. 그러면 그 방면에 대한 지식이 필요할 때 좀 더 폭넓고 깊은 내용을 공부할 수 있는 기초가 된다.

책 한 권의 지식으로는 큰 의미를 갖기 어렵지만, 이 프로그램을 통해 한 권 한 권이 쌓이면서 세상을 보는 다양한 관점을 갖게 된다. 그래서 나는 이 프로그램이 있는 월요일에는 다른 약속을 만들지 않았다. 프로그램 마치는 시간이 늦어 이튿날 출근하기가 부담스럽기는 했지만, 임원으로 살아가기 위해 내가 성장해야 한다는 생각으로 그 피곤함을 이길 수 있었다.

지식 탐구에는 끝이 없다

책 읽기의 본령은 개인적인 지식 탐구다. 앞에서 말한 프로그램이 강제로 시간을 내게 해서 책을 읽게 하고 혼자서라면 관심도 두지 않았을 분야의 책도 읽게 하는 이점은 있지만 그것으로 충분하다고 생각해서는 안 된다. 자신이 관심을 두는 분야의 책도 부지런히 찾아 읽어야 한다. 가령 내 분야라 할 수 있는 IT나 보안 같은 분야는 특히 변화가 빠른 영역이기에 책을 찾아 읽어야 하고, 그 밖에 평소 관심이 있던 분야의 책을 부지런히 섭렵해야 변화하는 흐름을 쫓아갈 수 있다.

나는 직장 생활 내내 책 읽기를 했기 때문에 임원이 되어서 더 읽으면 읽었지 줄어들지는 않았다. 그러면 다른 임원들은 어떠한가? 회의와 접대 같은 바쁜 일상에 책 읽기가 줄어들었을까? 모든 임원의 경우를 구체적으로 알 수는 없지만 내가 만났던 임원들 가운데 책과 인연을 맺지 않고 사는 사람은 거의 없었다. 나는 다른 임원의 사무실을 방문하면 가장 먼저 책장을 살펴본다. 내가 몰랐던 좋은 책들이 있는지, 또는 이 사람이 어떤 책을 읽고 있는지 살펴본다. 책장의 책들을 보면 그 사람의 관심사를 알 수 있다.

가끔 CEO가 자신이 읽었던 책을 소개할 때가 있다. CEO가 시의적절한 주제로 독서하는 모습은 많은 것을 생각하게 한다. 내가 보기에 그

것은 좋은 책을 깊이 있게 읽는 심독深讀이었다. 또 일주일에 1권 이상의 책을 읽고 그 가운데 특정 내용을 SNS에 소개하는 임원도 있었다. 임원들은 거의 모두 치열하게 책을 읽고 공부하고 있었던 것 같다.

내 경우는 해마다 250권 정도를 사서 대체로 100권 안쪽으로 읽었다. 내가 산 책들의 분야는 전쟁사, 경영, 과학, 기술 서적이 주류였다. 역사 분야의 책을 많이 읽었는데 그 이유는 내가 흥미를 느끼는 분야이기도 하거니와 앞으로의 판단에 필요한 지혜를 얻기 위함도 있었다. 특히 역사에는 다양한 사람들의 이야기가 있었기 때문에 사람 공부에도 많은 도움이 되었다. 전쟁사를 좋아한 것은 개인적인 호기심도 있었지만 사회나 직장 생활 역시 전쟁과 같아서 전략과 전술에 대한 이해가 필요하다고 생각했기 때문이다.

경영에 관해서는 새로운 사례가 나오면 그것이 무엇인지 배워보고자 했다. 새로운 경영 사례를 내 일과 관련해서 적용하고 고민해 보기도 했다. 처음에는 책의 사례를 그대로 적용하다 실패하고, 적용 방법을 먼저 정리한 후 가능한 영역에서 시도해 효과를 보기도 했다. 과학은 이공계 전공자로서 자연스럽게 읽는 분야였다. 특히 해킹에 늘 긴장하고 있던 사람이라 해킹이 불가능한 양자암호를 잘 알고 싶어 양자역학에 관심이 컸다. IT 임원은 당장 직무와 관련되지 않았어도 언론에 나오는 새로운 기술 또한 잘 알고 있어야 했다. 그래서 기술 발전에 뒤처지지 않도

록 관련 책을 찾았다. 언제 어디서 누가 물어보더라도 제대로 된 답변을
해야 한다는 긴장감은 늘 책을 가까이하게 했다.

책 읽는 바보

내 독서에 있어 한 가지 아쉬운 부분은 소설을 거의 읽지 않았다는 것이
다. 소설가는 예리한 눈으로 세상과 인간을 관조해서 문학 작품으로 표
현한다. 그렇기에 소설 역시 그저 재미만을 위한 글이 아니라 사람 공부
를 하기 좋은 도구이기도 하다. 그런데 나는 소설을 30년 가까이 읽지 않
았다. 물론 나름대로 노력은 했지만 한창 책을 읽던 시절에 소설은 제외
했다. 그 외에도 읽어야 할 책이 너무 많았기 때문이다. 그런 후회 때문에
지금은 소설을 읽고자 노력한다.

책은 시간이 남아서 읽는 것이 아니라 책을 읽기 때문에 시간이 남
는 것이라는 말이 있다. 책을 읽기 위해서는 시간과 노력을 들여야 한다.
책을 읽는 과정에서 자연스럽게 생각이 정리되고 고민이 해결되며 해결
방안이 떠오르는 것을 느끼게 된다. 늘 새로운 것에 대해서 갈증을 풀어
주고 호기심을 해결해 주는 것은 책이었다.

나는 책을 읽기 위해 노력했기에 우연히 '간서치看書痴(책을 읽는 바보라
는 뜻)' 모임에도 참석하게 되었다. 이 모임은 책을 좋아하고 책을 사랑하

는 사람들이 조직한 것이다. 이 모임을 하려고 전국 각지에서 올라온 사람들을 보고 놀랐고, 그 사람들이 읽는 책에 놀랐으며, 세상에 그렇게 많은 책이 있다는 것에 놀랐다. 임원은 대외 활동도 해야 하는데 같은 업종 업계의 사람들과 만나는 것이 중요하다. 그렇지만 다른 분야의 사람들과 만나는 활동도 필요하다. 그래야 좁은 시각에 매몰되지 않을 수 있다.

회사 바깥에서, 나와 다른 분야에 종사하는 사람들, 전문 지식을 갖고 있는 사람들을 만나기 위해 노력했다. 그래서 책만 읽는 얼뜨기 모임도 나간 것이고, 여기를 통해서 역사와 시사에 해박한 기자, 출판업에 종사하는 사람과 마케팅에 밝은 사람, 백화점에서 근무하며 온갖 상품에 대해 다양하게 알고 있는 사람, 광고회사에서 일하는 사람, 1년에 책을 300권 이상 읽는 사람, 법학을 전공하는 로마법 덕후, 전문적으로 글을 쓰는 작가, 첨단 학문을 가르치는 교수 등을 만났다. 그들과 만나서 대화하며 그들의 세계로 들어가 배우고자 노력했다. 그렇게 하니 시야가 넓어지고 다른 세계에 대한 이해도 넓어졌다.

무료 개인 세미나

책과 강의가 좋은 공부이기는 해도 일과 관련된 전문 분야의 지식은 이것만으로 채울 수 없다. 기술은 나날이 발전하는데 책과 강의로 이를 따라가기에는 변화가 더 빠르기 때문이다. 이를 위해 임원이 된 다음 새로이 개발한 공부 방법이 있다. 먼저 공부하고자 하는 분야를 정해서 이와 관련된 회사의 대표에게 이 분야에서 가장 실력 있는 사람을 소개해 달라고 부탁했다. 그러면 나중에 그 방면 전문가는 누구라고 알려준다.

그러면 나는 그 전문가에게 내가 근처에 가서 질문을 20개 정도 물어보려고 하니 시간을 내달라고 부탁했다. 그렇게 해서 허락을 얻으면 시간 약속을 하고 커피를 사 들고 찾아가서 질문하고 대답을 들었다. 굳이 이렇게까지 하면서 공부했던 이유는, 앞으로 새로운 장비나 솔루션을 도입할 계획이 있는데 이와 관련한 새로운 경향을 알기 어려웠기 때문이다. 물론 이런 것들을 실무자에게 조사시키고 보고를 받을 수도 있다. 하지만 그렇게 한다고 해서 모든 궁금증을 해결할 수 있는 것은 아니다. 이렇게 미리 공부를 해둔 까닭은, 스스로 나서 적극적으로 공부를 하는 것이 책임자로서 의사결정을 하는 데에 도움이 되리라 확신했기 때문이다.

이런 경우 전문가 대부분은 성의 있는 답변을 해주었다. 준비한 질문을 하나하나 해가면서 몰랐던 내용들을 알게 되었을 때면 마치 맑은 하늘을 본 것과 같은 희열을 느낄 수 있었다. 임원이 관련 업체 전문가들을 만나서 공부하고 왔다는 것이 그리 큰 흠이라는 생각은 들지 않았다. 나는 이런 방식의 공부를 통해 의사결정을 하는 데 많은 도움을 받았다는 것을 의심하지 않는다. 임원은 끊임없이 공부해서 모자라는 것을 채워야 책임을 감당할 수 있는 자리였다. 전문가들 앞에서 섣부른 지식으로 아는 척하며 권위로 눌러서는 좋은 결정을 할 수 없다. 정말 끊임없이 배워야 일을 제대로 할 수 있었다.

기록, 내 지난날의 기억들

이제 이야기할 것은 능력 개발과 직접 연관된 것은 아니지만 그래도 결국은 능력 개발에 보조적인 도구로 쓰일 수 있는 '습관'이다. 그것은 기록과 글쓰기다. 기록은 직장인이면 대개 저마다의 방식으로 한다. 기록은 잊지 않기 위한 것임과 동시에 앞으로 실천할 목록이나 다름없다. 그래서 예전부터 직장인들은 다이어리를 들고 다니면서 열심히 메모하고 기록했다. 요즘 젊은이들이라면 스마트폰이나 태블릿으로 기록을 할 것이다.

내 컴퓨터에 있는 엑셀 파일 가운데 가장 용량이 큰 파일의 크기는 14.3메가바이트다. 퇴임 후에는 여기 추가해 쓰기를 멈췄다. 이 파일에는 내가 직장인으로서 살아온 이야기들이 모두 들어 있다. 2006년부터 시작해서 퇴직하던 날까지 있었던 일들 대부분이 기록되어 있다. 오래된 기억이 궁금하면 이 파일로 확인할 수 있다. 내 삶을 돌아보았을 때 기록이 없었다면 아무것도 남지 않았을 것이라는 생각마저 든다.

나는 출근하면 30분 정도 걷고 커피를 한 잔 사서 사무실에 들어갔다. 이때는 직원들 대부분이 출근하기 전이라 문을 닫고 나만의 시간을 시작했다. 내 자리에 앉아서 컴퓨터를 켜고 이 엑셀 파일을 찾아 열었다. '해야 할 일'이란 이름의 시트를 찾아 하루 동안 해야 할 일의 목록을 하나씩 정리했다. 하나는 오늘 해야 할 것들의 목록을 적고, 전날 정리했던 것 가운데 업데이트가 필요한 것을 정리한다. 그것이 내 일상의 기록이다.

다른 하나는 더 좋은 회사를 만들기 위해서 오늘은 무엇을 할 것인가 생각하는 내용이다. 임원 한 사람이 혼자서 좋은 회사를 만들겠다는 것이 웃기는 이야기로 들릴 수도 있겠지만, 작은 일은 할 수 있을 것으로 생각했다. 작은 것들이 하나씩 쌓이게 되면 어느 시점에서 큰 변화의 시작이 될 수 있을 것이라 믿었다. 내가 있는 동안은 변화가 없더라도 계속 이어지면 뒷사람이 열매를 얻게 될 것이라고 기대했다.

임원의 일과는 바쁘게 돌아갔지만 오후 4시가 넘으면 신기하게도 하루 일을 정리할 수 있는 시간이 생겼다. 이 파일에 그날 있었던 일 중 특이한 사항을 정리했다. 지금 읽어보면 날마다 있던 세세한 일들을 기록했는데 나를 힘들게 했던 일들도 상당수 적혀 있다. 이 엑셀 파일에는 이런 기록 이외에 200개 이상의 다른 기록 시트가 더 있다. 사람을 만났던 기록 시트에는 언제 누구와 만났으며 어떤 이야기를 했는지 기록했다. 다음에 그 사람을 다시 만나게 되면 만나기 전에 기록을 살펴보고 준비할 수 있었다. 질문 시트는 중요한 사람을 만나거나 할 때 잊지 않도록 도와주었다. 하나의 일이 끝나면 그 일의 교훈을 정리하는 시트도 있었다.

기록은 그저 열심히 일하는 것에서 그치지 않고 자신을 돌아보고 교훈을 얻으며 더 성장하게 만드는 바탕이 된다. 여기에 적힌 내용 대부분이 지난 일이지만 미래에 해보고자 하는 일의 목록도 있다. 이 엑셀 파일 말고도 업무 수첩과 업무 노트 몇 박스도 남아 있다. 시간이 날 때마다 이것들을 꺼내보고 정리한다. 모두가 지나온 나의 삶의 흔적이다. 기록은 앞으로의 길을 비춰주는 등불과 같은 역할을 할 것이라고 믿는다.

글쓰기, 내 생각의 표현

기록과 함께 노력한 것 가운데 하나가 글쓰기다. 글을 어떻게든 잘 쓰고 싶었다. 그래서 글쓰기 수업을 찾아갔고 소설 수업을 듣기도 했다. 소설 수업은 토요일 오후에 2년 동안 들었다. 그만큼 글을 잘 쓰고 싶은 욕망이 강했다. 지금까지도 글을 잘 쓰고 싶다는 생각은 바뀌지 않았다. 어떤 글이든 잘 쓰고 싶다.

직장인이면 누구나 보고서를 잘 쓰고 싶어 한다. 나도 보고서를 잘 썼으면 했다. 직장 초년 시절은 보고서를 쓸 기회가 없었다. 그러나 기획 업무를 하면서부터는 보고서를 써야 했다. 처음 쓰는 보고서는 정말 막막했다. 머릿속에 있는 여러 생각을 보고서로 꿰기가 쉽지 않았다. 보고서를 쓰는 훈련이 되어 있지 않아서였고 머릿속 생각도 별로 없었던 것 같다. 지금은 생각이 먼저 정리가 되었을 때 그것을 글로 옮기기만 하면 보고서가 된다.

기획 업무를 제대로 하기 위해서 책과 잡지도 읽고 자료 조사도 해야 했다. 기획 업무에 익숙해지기까지는 시간이 필요했다. 잘 쓴 보고서를 구해서 베껴보기도 하고 글쓰기에 좋은 책이라면 바로 사서 읽었다. 글은 쉽게 읽히고 의미 전달이 확실하게 되는 글이 좋은 글이다. 보고서는 우선 읽어서 내용을 정확하게 알 수 있도록 쓰는 것이 중요했다. 보고서를 잘 쓰고자 하는 마음이 있었고 노력을 한 덕분에 어느 정도 수준의 보고서를 쓰게 되었다.

임원이 된 뒤에도 글쓰기에 관한 관심은 여전했다. 그래서 직원들의 보고서는 유심히 봤다. 아마 이것 때문에 힘들어한 직원도 있을 것이다. 보고서를 잘 쓰는 사람이 상사에게 인정받는다. 직장인들이라면 보고서를 잘 써야 한다. 윗사람들은 보고서를 읽으면서 내용을 확인하고 업무를 어떻게 하는지 파악한다. 보고서에는 쓰는 사람의 생각과 능력이 드러난다. 직장에서의 보고서는 간단하고 복잡하지 않다. 간단명료하게 쓰면 된다.

나는 현직에 있으면서 보고서를 직접 작성했으며 임원이 되어서도 아랫사람들이 만들어 주는 보고서나 자료에 의존하지 않았다. 보고서 특성상 비밀 유지가 필요하거나 민감한 사안이 될 수 있는 것도 그랬고, 내가 직접 보고해야 하는 사안도 가능한 직접 작성했다. 그래야 보고하기에도 편했다. 지금도 보고서 쓰는 데에는 자신이 있지만 글은 더 잘 쓰고 싶다. 간단하고 명확한 표현으로 쓰인 보고서는 읽는 사람에게 깊은 인상을 줄 수 있다. 좋은 글은 힘이 세다.

5장

젊은이에게

1. 임원이 되고픈 직장인에게

여태까지 30년 넘는 직장 생활에 대해 장황하게 쓴 것은 내 회사 생활이 대단했다고 생각해서가 아니다. 다만 서로 살아온 시간은 다르지만 요즈음 회사에 다니는 젊은이들에게 조금이나마 도움이 되기를 바라기 때문이다. 직장 생활을 하는 사람마다 추구하는 목적이 다르다. 어떤 직장인은 어쩔 수 없이 생계를 위해 다니고, 어떤 이는 일을 잘 배워 자신이 독립해서 회사를 꾸릴 계획으로 다니며, 또 다른 사람은 직장에서 출세하기 위해 다닌다.

경험은 개별적이지만 공통점은 있다

직장인이라 해도 사실 천차만별이다. 공무원이나 교사도 있을 것이고 공기업이나 중소기업에 다니는 사람도 있을 것이다. 그런 곳은 내가 겪어보지 않았기 때문에 무슨 조언을 할 처지가 못 된다. 오로지 내 경험은 대기업이고 거기에서 치열한 직장 생활을 했기에 이쪽에 관해 어느 정도 조언할 수 있으리라 여기는 것이다. 물론 대기업 업종도 천차만별이고 경영자의 성향과 회사의 전통에 따라 분위기도 매우 다르다. 그러니 내 개인의 경험을 바탕으로 한 조언이 그다지 유용하지 않을 수도 있다. 그러나 세상일은 다른 가운데에도 공통점이 있고 그런 공통점이 핵심인 경우가 많다. 그러니 어느 정도는 인생 선배의 흘러가는 이야기에 귀를 기울여도 나쁘지 않을 것이다.

대기업들 사이의 차이도 상당하겠지만 대기업에 취직했다고 해서 모두 같은 곳을 바라보고 있지는 않을 것이다. 대기업의 높은 연봉에 끌려 취직했다면, 더군다나 딸린 식구들이 있다면 이도 저도 생각하지 않고 그저 월급쟁이의 본분에 충실할 것이다. 그러나 개중에는 스타트업 창업을 꿈꾸는 사람도 있을 것이고, 아니면 빨리 얼마만큼 돈을 벌어 속박에서 벗어나 자유로운 생활을 꿈꾸는 직장인도 있을 터다. 또한 직장인의 연차에 따라 차이도 많을 것이다. 취업한 지 몇 년 되지 않아 아직은 미래에 대한 구체적인 계획이 없을 수도 있고, 진급과 정체의 기로에 선 중견 간부일 수도 있으며, 부서나 팀의 수장으로 임원 진급의 목전에 있는 백전노장일 경우도 있겠다.

어쨌든 이 모든 사람에게 맞는 조언은 가능하지 않다. 그러나 대기업에 다니는 직장인으로서 임원 승진을 바라고 있거나, 아니면 임원을 넘어서 CEO까지 목표하는 사람이라면 한번 귀담아들을 만한 경험담을 이야기하는 것이 원래 내 목표였다. 앞선 4장은 내 경험담을 풀어놓은 것이지만 일과 환경이 다르고 시대가 다르기에 얼마만큼 그 경험이 도움이 될지는 잘 모르겠다. 그러나 분명한 것은 환경과 시간이 달라도 여전히 중요한 원칙들은 변함이 없다는 것이다. 현명한 독자라면 그 경험에서 자신이 취할 것을 가려 뽑아낼 수 있으리라 생각한다.

이제 이 장에서는 그 가운데서도 가장 중요하다고 생각하는 것을 짚어보고 그것이 앞으로 직장 생활에 구체적인 도움이 되었으면 하는 바람으로 정리해 보겠다. 기왕 어렵게 직장을 잡아 힘들게 일하는데 그만두거나 밖에 나가 독립할 것이 아니라면 지금 직장에서 열심히 해서 부장 되고 임원 되고 더 운이 좋으면 사장도 한번 해볼 만하지 않은가? 물론 쉽지 않고 다른 변수도 많을 것이다. 또 운도 따라야 할 터다. 결국 노력해도 실패할 수 있다. 그러나 한번 시도해 보지도 않고 포기하는 것보다 결과는 운명에 맡기고 있는 힘을 다 쏟아부어 보는 것이 나중에 후회가 없지 않겠는가. 물론 선택은 자신이 하는 것이다.

열심히 하는 것으로는 부족하다

대기업에 다니는 직장인으로서 임원이 되기로 마음을 먹었다면 무엇을
해야 할까? 그냥 무작정 일을 열심히 하는 것만으로는 임원이 되기 어렵
다. 일을 단순히 열심히 하는 것보다 능력을 인정받아 자신이 '일 잘하는
사람'임을 회사에 각인시키는 것이 필요하다. 일에서 능력을 보여주는
것에도 한계가 있다. 자신이 맡은 일을 잘해야 하는데 연차가 얼마 되지
않은 사람의 경우 권한의 범위가 좁다. 게다가 그것이 자기 적성과 맞지
않는 일이라면 능력을 보여주기 곤란할 수도 있다. 그런 경우에는 일 못
하는 사람으로 인식되기도 쉽다. 이런 경우는 어떻게 대처해야 하는가?

　직장 생활이 변수도 많고 의외의 상황이 발생할 수도 있어서 자신이
마음먹은 대로 흘러가는 경우는 거의 없다. 임원이 되려면 대체로 진급
시기에 누락되지 않고 따라가야 하는데, 적성에 맞지 않는 일이나 성과
가 잘 보이지 않는 일에 배정이 되면 자기 능력을 발휘할 수 없는 곤경에
처하기도 한다. 이럴 때는 참고 인내하며 기회를 봐야 하는 것인가, 아니
면 다른 회사로 옮기는 것까지 고려해야 하는가 고민이 아닐 수 없다. 전
직이란 것도 지금 회사에서 능력을 보여줘야 옮기기 쉬울 테니 더더욱

그렇다.

행여 새로운 직장으로 옮기더라도 자신의 장점을 살릴 수 있는 일과 보직을 받을 수 있을지 확실하지 않다. 이직이 진급에 좋은 계기가 될 수도 있지만 궁극적으로 손해를 보지 않는다고 장담할 수도 없다. 더군다나 최종 목표를 임원에 둔다면 자신은 공채 출신 기수에 해당하지 않기에 불이익을 당하지 않을까도 걱정이다. 게다가 이직하면 어차피 회사의 모든 인간관계를 새로이 시작해야 하는 것이어서 스트레스도 많아지게 된다.

이렇듯 그냥 혼자서 열심히 하는 것만으로는 부족하다. 보직도 적성에 맞아야 하고 주변의 동료나 상사도 진로에 영향을 미친다. 또한 시대의 흐름도 자신의 회사 생활과 밀접한 관련이 있다. 그러니 직장 생활을 하면서 상황에 맞게 열심히 하고 자신의 능력을 키워야 한다. 그렇게 해서 연차를 쌓아 과장, 차장, 부장의 중간 관리자가 되는 것도 시기를 놓치지 말고 제때 승진해야 한다. 중간 관리자가 된 다음부터는 자신만 잘하면 되는 것이 아니다. 아래 직원들을 잘 통솔해 같이 능력을 발휘하도록 해야 하고, 회사의 진급 원칙과 현실 상황이 어그러지지 않아야 한다. 그렇기에 임원 되기가 힘들다고 하는 것이다.

운칠기삼運七技三이란 말이 있듯이 세상일은 운이 더 크게 작용하는지도 모른다. 실력과 능력도 있고 품성도 좋은 사람이 아무리 노력해도 잘되지 않는 경우가 적지 않다. 그만큼 살아가는 데는 운이 많이 작용한다. 그렇지만 이 가운데 '기삼'이 덜 중요하다고 생각해서는 절대 안 된다. 제아무리 운이 좋은 사람도 운만 가지고서 결코 성공할 수 없다는 것이 이 말의 진정한 뜻이다. 그 30%가 없으면 아무리 운이 좋아도 성공할 수 없다. 그렇기에 운은 하늘의 뜻에 맡기고 자기 능력을 끌어올리는 것이 임원이 되는 비결이다. 그렇게 해도 반드시 임원이 된다는 보장은 없겠지만, 적어도 자신이 살아온 인생에 후회는 남기지 않을 것이다.

관찰부터 시작하라

직장인으로 임원의 꿈을 품고 있다면 단계적으로 접근해야 한다. 기술직인 석·박사 연구직이야 다르겠지만 대략 대학을 졸업하고 입사하는 시기는 20대 중반에서 후반이다. 그리고 대개 30년 가까이 직장 생활을 한다. 요즘은 빠르면 30대 후반부터 부장이 되거나 임원이 되는 경우도 있지만, 그래도 대체로 40대 후반이나 50대 초가 되어야 임원이 될 수 있는 나이라고 생각한다. 그리고 보수적인 직장일수록 임원이 되는 시기가 늦고, 그렇지 않은 곳은 빠르다.

직장인의 인생 주기를 그렇게 본다면 직장 생활을 시작해서 처음 10년은 실제로 임원을 꿈꾸거나 말거나 할 일도 없는 셈이다. 그저 주어진 일 열심히 하고 시류에 낙오되지 않게 꾸준히 공부하고 새로운 것을 배울 일만 있지, 바로 과장만 해도 대하기 어렵고 말조차 건네기 힘든데 부장과 임원은 너무 멀리 있기 때문이다.

그렇지만 직장 초년생 시절이라 해도 전혀 할 것이 없는 것은 아니다. 가장 좋은 일이 관찰이다. 오히려 멀리 떨어져 있기에 높은 사람들은 그 시선을 별로 신경 쓰지 않는다. 이때 자세히 관찰하면 그들의 직장 생활의 노하우, 사람들과 이야기하고 응대하는 법, 부하 직원들을 상대하는 법, 공부하는 법, 자투리 시간을 활용하는 법 등의 여러 면모를 관찰할 수 있다. 물론 가까운 상급자나 부장들은 더 자세하게 관찰할 수 있다. 관찰을 통해 좋은 것은 배우고 나쁜 것은 버리면 된다. 이렇게 하면 좋은 습관을 들일 수 있고 나쁜 것을 하지 않으면 후배들이 따르게 된다. 아마도 직장 초년생 시절에 이런 관찰을 통한 학습보다 더 좋은 것은 없을 것이다.

자기 업무 전망을 따져보라

또 다른 하나는 자신의 업무 전망이 어떤지를 파악해야 한다. 가령 회계가 전공이고 그 일을 하고 있다면, 아마 가장 높이 올라갈 수 있는 자리는 CFO가 될 것이다. 그러나 회계법인이 아닌 이상 CFO가 CEO가 되는 경우는 드물다. 회사의 특성에 따라 다르기는 하겠지만 임원이 될 수 있는 업무의 성격이 있고 임원이 될 수 없는 성격의 일도 있다. 가령 군대에서 어떤 병과는 장군이 되기 힘든 병과가 있다. 혹여 별을 달 수 있어도 전군에서 단 한 사람만 현역 장군에 오를 수 있는 병과도 있고 아예 장군은 꿈조차 꿀 수 없는 병과도 있다.

회사도 마찬가지다. 물론 예전에는 엔지니어가 CEO가 되기 힘들었지만, 지금은 기술이 더 중요하기에 공대 출신 CEO가 나오듯이 시대의 흐름에 따라 변한다. 변화에는 시간이 걸린다. 그렇기에 목표가 임원인데 자신의 업무가 임원이 되기 부적합한 업무라면 빨리 방향을 바꾸는 것이 좋다. 하던 일이 있으니 완전히 바꾸기는 어려울지 몰라도 아예 불가능한 것은 아니다. 아마 나도 계속 프로그래머였다면 임원은 꿈꾸지 못했을 것이다. 중간에 IT 기획으로 업무를 바꿨기에 임원 승진이 가능했다.

직장 초년생 시기를 거쳐 밑에 하나둘 후배들이 들어오고 회사 일도 익숙해지고 직장 생활에도 여유가 생긴다. 그렇게 대리를 거쳐 과장으로 진급하면 또 다른 세상이 된다. 아래로는 부서원을 통솔해야 하고 회의도 잦아지며 상급자들의 다그침도 늘어난다. 차라리 실무자였던 시절로 돌아가고 싶을 정도로 피곤한 일이 많을 것이다. 게다가 아직도 임원은 저 위의 일이다. 임원은커녕 차장, 부장도 쉽게 될 수는 없다. 이런 중간에 낀 위치일 때 노력해야 하는 일이 하나 있다면 책임감을 느끼고 실천하는 법을 배우는 것이다. 초급 중간 관리자가 고단하고 힘들겠지만 이 시기에 책임감을 느끼고 실천한다면 아래 부서원과 후배들은 따르고 상사들은 달리 볼 것이다. 그것으로 임원이 될 수 있는 기초 자산은 확보한 셈이다.

전체적 안목을 키우라

임원 바로 밑에서 한 부서를 총괄하는 부장일 때는 어떤 생각으로 지내는 것이 좋을까? 사실 부장이 된다고 한들 임원에 가까워지는 것은 아니다. 많은 부장이 임원이 되지 못하고 부장에서 직장 생활을 마친다. 그만큼 임원의 자리는 좁고 본인의 능력 문제가 아니라 회사의 상황이나 주위의 환경 때문에 진급하지 못하는 경우도 허다하다. 그러니 임원 진급은 자신이 맡은 일을 충실하게 하고 하늘의 뜻이라 생각해도 좋을 것이다.

그렇지만 임원이 되기 힘들다고 해서 가만히 있으라는 것은 아니다. 부서의 장이 되고 나면 회사 안에서 다른 부서의 장들과 볼 기회가 많아진다. 그러면서 회사 전체를 거시적 안목으로 보는 능력이 생긴다. 자신의 부서 일만이 아닌 회사 전체를 보는 안목을 가진다는 것은 중요하다. 과장이나 차장까지만 하더라도 부서 내에서의 생각에서 벗어나기 힘들다. 그렇지만 회사라는 조직은 전체 조직이 서로 협동하고 협력하며 한 가지 목표를 위해 나아가는 것이다. 이런 거시적인 안목은 임원이 된 다음에 더욱 중요하다.

물론 부장이 되고 나서 회의와 보고 업무가 더해지고 외부와의 교류나 접대도 늘어나면서 엄청나게 바빠지기는 하지만 그때가 진정으로 안목을 넓혀 전체를 바라보아야 할 시기다. 그리고 경영진은 늘 부장이 어떤 생각으로 일을 하고 있는지를 은연중에 점검한다. 그것은 그 사람이 임원에 맞는 품성과 시각을 지녔을까 하는 것을 점검하는 것이다. 임원으로서 반드시 갖춰야 할 덕목은 책임감과 넓은 시각이다. 그리고 그 덕목은 아무리 꽁꽁 가슴에 품고 있어도 낭중지추처럼 드러나게 마련이다.

직장에서의 자기실현

임원이 된 사람들과 대화를 해보면 그들이 공통적으로 말하는 것이 있다. 왜 임원이 되고 싶었는지, 임원으로서 특별히 하고 싶은 것이 있었는지 물어보면 돌아오는 답은 으레 이렇다.

"부장 시절 회사를 위해서 하고 싶은 일, 꼭 해야 한다고 생각했던 일들이 있었습니다. 그런데 부장으로서 그런 일을 하는 것에는 한계가 있더군요. 무엇보다 여러 부서가 협력해야 그 일을 해낼 수 있는 상황에서는 더욱 그러했습니다. 임원이 되면 그런 한계를 극복하고 원하는 일을 해낼 수 있을 것으로 생각했습니다."

이런 사람은 직장에서 자기실현을 하는 사람이다. 조직 전체를 대표하는 일은 아니었겠지만 적어도 자기 분야에 있어서는 다른 누구도 할 수 없는 일을 해낸 것이다.

직장 생활을 열심히 함으로써 얻을 수 있는 과실이 제법 많다. 사랑하는 사람을 만나 가정을 꾸릴 수 있고, 아이들을 키우며 학업을 마치도록 도울 수 있다. 낳아주고 길러주신 부모님들께 자식 된 도리를 다할 수도 있다. 직장 생활을 마친 후 머물 수 있는 집도 마련할 수 있다. 모두 중요하고 가치 있는 것들이다. 하지만 직장인들이 그것들만을 목적으로 직장 생활을 하는 것은 아닐 것이다.

살아가면서 자기실현을 하기 위한 방법에는 여러 가지가 있다. 대표적인 한 가지 길이 창업을 하는 것이다. 직장인의 꿈은 사장이 되는 것이라는 말을 하기도 한다. 하지만 모두가 사장이 될 수는 없다. 사장이 되지 않는다고 해서 자기실현을 못 하는 것도 아니다.

직장에서도 자기실현은 얼마든지 가능하다. 먼저 각자가 맡은 직무에서 재능과 열정을 발휘하는 것부터가 시작이다. 탁월한 직무 수행을 통해 성과를 일구어 냈을 때 성취감과 보람을 느낄 수 있다. 직장은 직원이 자기실현을 할 수 있도록 여러 가지 방법으로 지원한다. 교육훈련과 같은 것이 그것이다. 이렇게 지원해 주는 이유는 직원들의 자기실현을 통해서 그가 속한 직장 또한 성장하게 되기 때문이다.

또, 직장은 직원이 승진하면 더 큰 책임과 권한을 위임하는 방식으로 자기실현을 지원한다. 책임과 권한이 커지면 혼자서 감당할 수 있는 업무는 거의 없어진다. 반드시 동료, 유관 조직과 협력해서 업무를 진행해야 한다. 그것을 위해 조직을 만들고, 자원을 할당하며, 필요한 권한을 부여하는 것이다.

직장인들의 자기실현을 위한 동기는 어떠해야 할까? TV 드라마를 보면 직장을 자신의 야망을 달성하기 위한 도구로 여기는 사람들이 종종 등장한다. 대개 그런 사람들의 결말은 좋지 않다. 함께 일하는 사람들에게 피해를 주고 자신도 파멸하는 것으로 끝나는 경우가 대부분이다. 동기가 잘못되었기 때문일 것이다. 사람은 누구나 그렇게 길을 잘못 들 위험성을 가지고 있다. 그러므로 자기실현의 동기, 즉 목표와 방향 설정이 매우 중요하다.

군 생활 중, 육군사관학교를 졸업하고 임관한 소위와 같이 근무할 기회가 있었다. 제대를 앞두고 있었던 나는, 그가 속한 병과에서 별을 달 수 있는 사람이 한 사람 정도 나올까 말까 한데 왜 그 병과를 선택했는지 물었다. "국가에 충성하다가 때가 되면 나가려고 한다. 별은 중요하지 않다." 그의 대답이 인상 깊었다. 그라고 해서 별을 달고 싶은 마음이 없었을까? 하지만 그에게는 그것이 최우선 목표가 아니었다. 우리도 몸담은 회사를 더 좋은 회사로 만들어 보겠다는 목표를 가져보는 것은 어떨까? 성장하는 회사, 존경받는 기업을 만들기 위해 직장 생활을 하는 것은 어떨까? 어떤 사람은 자기 자식들도 다니고 싶은 회사를 만드는 것을 직장 생활의 목표로 삼았다고 한다. 그러한 목표를 가지고 자기실현을 하고자 한다면 회사와 자신, 양쪽에 도움이 되는 결과를 만들어 낼 수 있지 않을까?

직장에서 자기실현을 해나가는 가장 좋은 방법은 승진이다. 무엇보다 임원으로 승진하게 되면 자기의 담당 영역만큼은 자기의 소신대로 이끌어 갈 수 있다. 그 과정에서 자기가 생각하고 꿈꾸는 결과를 만들어 낼 수 있다. 그러면 경제적인 보상 역시 저절로 따라오게 된다.

그렇다. 조직에서 자기실현을 더 높은 단계에서 가능하게 하는 것은 승진이다. 기왕 조직에 들어왔다면 전체 조직을 이끄는 우두머리는 아니더라도 한 귀퉁이를 짊어지는 임원은 되어보는 것이 좋지 않겠는가?

2. 관계는 노력이다

젊었을 때 나는 인간관계란 말에 거부감이 강하게 들었다. 그 어휘가 주
는 선입견 때문이었다. 사람과 사람이 만나는 일에는 진심이 중요하고
내 자신이 그에게 도움이 될 수 있으면 도와주는 것이 기본이라 생각했
다. 그러니 관계를 위한 노력은 필요하지 않다고 생각했다. 자연스럽게
저절로 이루어 가야 하는 관계에서 무슨 인위적인 노력이 필요한가 하
는 생각이었고 인위적인 노력은 불순하다는 생각마저 들었다.

만남의 유형

우리 관계의 유형을 살펴보면 학창 시절과 직장 생활을 통해 형성된 관계로 나누어 볼 수 있다. 학창 시절의 관계를 살펴보면 아무런 계산이 없이 만났다. 오랜 직장 생활을 마치고 나서도 여전히 부담 없이 만나는 사람들이 대부분 학교에서 만난 동창인 것은 그런 순수한 관계에서 비롯된 때문이 아닌가 싶다. 이해관계 없이 만났던 군 시절의 동기들, 자전거를 타는 동호회, 낚시 동호회 등이 그러할 것이다.

반면에 직장 생활은 승진과 급여 인상이 전부라는 말이 있듯이 살벌한 환경이다. 두 가지 모두 목표 설정과, 그 목표를 달성하기 위한 무한 경쟁을 요구한다. 직장은 때로는 동료와 협업을 하지만 본질적으로는 경쟁하며 생활하는 곳이다. 이해관계가 전제가 된 시간을 보내는 곳, 그곳이 바로 직장이다. 같이 입사했던 동기들과는 특별한 친밀 관계를 맺기도 하지만 그렇지 않으면 대부분 경쟁할 수밖에 없는 것이다. 학창 시절 맺었던 인간관계와 직장에서의 인간관계가 전혀 다르다는 것을 빨리 깨달을 수 있다면 그것은 직장인으로서 아주 행운인 일이다.

30년 넘게 직장 생활을 했지만 지금도 인간관계는 여전히 어렵다. 인생의 시간 대부분을 보내는 직장 생활에서 인간관계는 어떻게 해야 할까? 나아가 직장 생활을 시작으로 세상과 다양하게 만나는 상황에서 나와 다른 세상에 있는 사람들과 어떻게 관계를 맺어나가야 할까?

노력해야 관계도 형성된다

우선 관계는 노력의 결과라는 말이 떠오른다. 세상에는 저절로 만들어지는 좋은 관계는 없다. 내가 무관심한데도 좋은 관계를 맺을 수는 없다. 또한 아무리 노력해도 좋은 관계가 생기지 않는 경우도 허다하다. 그럼에도 좋은 관계를 위해서는 노력이 필요하다. 노력이 필요하다는 말은 관계에 상대방이 있기 때문이다. 내가 좋은 관계를 만들고 싶어 하더라도 상대방이 함께하지 않으면 소용이 없다. 인간관계에서 상대방을 탓하는 일이 많은 이유다. 하지만 문제는 상대방에게 있다고 생각하기보다 나에게 있다고 생각하는 것이 좋은 인간관계를 위해서는 바람직한 자세다. 좋은 인간관계를 위해서는 노력해야 한다. 그러면 어떤 노력을 해야 할 것인가?

가장 먼저 내가 좋은 사람이 되고자 노력해야 한다. 사람들은 자신이 정신없이 여러 사람을 바쁘게 만나고 다니는 것을 자랑한다. 그렇게 많이 만나고 많이 어울리면 좋은 인간관계가 가능하다고 여긴다. 자주 만나야 인간관계가 생기기는 한다. 그렇지만 그보다 먼저 해야 할 것은 내가 먼저 상대방이 다가올 수 있는 사람이 되는 것이다. 내가 좋은 사람과 만나고 싶어 하는 것처럼 상대방도 좋은 사람과 만나려 한다. 스스로 살펴보지 않고 상대가 좋은 사람이기를 바라는 것은 현명하지 않다.

내가 먼저 상대방이 계속해서 만나고 싶은 좋은 사람이 되는 것이 좋은 관계의 시작이다. 누구나 좋은 사람에 대한 기준이 있다. 사람들은 서로 다른 평가 기준을 갖고 있지만, 그럼에도 좋은 사람이라고 말하는 공통적인 유형은 있다. 좋은 사람은 상대방을 배려할 줄 아는 사람이다. 좋은 사람은 책을 사랑하고 공부를 열심히 한다. 좋은 사람은 상대방에게 구체적인 관심이 있다. 좋은 사람은 받기보다는 주는 것을 더 좋아하는 성정을 갖고 있다. 좋은 사람은 막말하지 않는다.

이렇게 나열한 좋은 사람의 요건을 자세히 살펴보면 인간이면 누구나 갖고 있는 본성과 반대되는 것들이라고도 할 수 있다. 사람은 누구나 대접을 받고 싶어 하며, 별것 아니어도 누군가의 인정을 받고 싶어 한다. 상대방에 대한 배려보다 내 이익을 먼저 계산한다. 기회만 되면 자신을 높이고 과시하는 것이 인간의 본래 모습이다. 그러면서도 다른 사람이 그런 모습을 보이면 아주 싫어한다. 오죽하면 예로부터 인간들이 본성대로 사는 모습에 대해 '짐승과 같다'는 표현을 쓰기도 했겠는가?

좋은 사람이 된다는 것은 인간이 갖고 있는 안 좋은 본성을 극복하며 살기 위해 노력하는 것이다. 인간은 나쁜 본성을 거스르는 훈련을 하지 않으면 결코 좋은 사람으로 성장할 수 없다. 젊은이들에게 본성을 극복하며 사는 것은 어떤 삶일까? 직장인들에게 본성을 극복함이란 누군가 억지로 5리를 가자고 하면 기꺼이 10리라도 함께 가주는 마음일 것이다. 당장 이익보다는 조금 손해를 보더라도 다른 사람의 마음을 얻는 일에 애쓰는 것이다.

좋은 사람이 되고 나서야 비로소 인간관계의 출발점에 설 수 있다. 서로의 처지를 바꿔서 생각하면 어렵지 않다. 내가 좋은 사람을 만나고자 하는 것처럼 상대방도 마찬가지고, 내가 좋은 사람이라면 상대방은 호감이 갈 것이다. 그렇지 않다면 굳이 나를 계속해서 만나야 할 이유는 없다. 그리고 오늘 내가 좋은 사람으로 보였다면 내일은 더 좋은 사람으로 성장하는 모습을 보일 수 있어야 한다. 성장하는 모습은 상대에게 기대감을 품게 해준다. 만날 때마다 발전과 성장이 없다면 좋은 사람으로서의 평가는 거기서 끝나게 된다. 나날이 더 좋은 사람이 될 수 있으면 좋은 사람을 만날 수 있는 준비는 마친 셈이다.

세상은 혼자 살아가는 곳이 아니고 서로 주고받으면서 살아가는 곳이다. 그리고 주는 것이 받는 것보다 복이 있다는 말처럼 이왕이면 남에게 주는 삶을 사는 것이 좋다. 하지만 일방적으로 주는 것만이 아니라 남에게 받을 줄도 알아야 한다. 살아가는 일에 일방적인 관계는 없다. 일방적인 관계가 지속되면 시간이 지나면서 더 이상 지속할 수 없는 경우가 많다. 직장에서의 관계라면 더더욱 그렇다.

만남에도 준비가 필요하다

다음으로는 모임을 설계하는 노력을 해야 한다. 모임을 설계하라는 말이 생소할 수 있다. 좋으면 그냥 만나는 것이지 설계까지 할 필요가 있을까 생각할 수 있다. 관계에 능한 사람들을 살펴보면 어떤 모임이라도 아무런 준비도 없이 그냥 참석하지 않는다. 그들은 모임에서 아무런 생각 없이 참석해 웃고 떠들고 헤어지지 않는다. 다른 사람이 하는 말만 듣고 그냥 돌아오는 일은 없다.

그들은 그날 사람들 모이는 곳에서 해야 할 말이나 정보를 준비해서 참석한다. 모임을 설계하라는 것은 그냥 만나지 말고 나눌 이야기를 준비해서 만나라는 이야기다. 새로운 정보, 좋은 소식 등을 준비해서 만나는 것이다. 그런 사람들과 모임을 마치고 나면 언제나 배우는 것이 있다. 사람과 사람이 만나는 것이 그냥 만나는 것 같아도 서로에게 영향을 주고 있다는 것을 모임을 마치고 돌아오면서 알게 된다. 만약 그러한 것들이 없다면 그 모임은 차츰 시들해지고 잊히는 모임이 될 것이다.

모임을 설계하라는 것은 질문을 품고 만나라는 것이다. 사람과 사람이 만나면 할 이야기가 있어야 한다. 이야기를 나누는 가운데서 늘 배우는 자세로 있는 것이 좋다고 본다. 사람 셋이 있으면 그 가운데는 반드시 스승이 있다는 말이 있다. 누군가를 만나서 그냥 일상적인 이야기를 하는 것도 나쁘지는 않다. 다만 그러한 시간만 계속해서 반복된다면 문제가 있다고 본다. 사람은 배우고 성장해야 하며 특히 젊은이는 더욱 그렇다.

배우고 성장하는 일에서 품었던 의문들을 사람의 이야기를 통해 배우는 것이 가장 좋다. 사람을 만나 궁금하면 질문하고, 배우는 것이다. 모임에서 배운 것들을 살펴보면 질문에서 배운 것들이 가장 영양가 있는 내용이었음을 알 사람은 다 안다.

모임을 이끌어 가는 총무 노릇도 적극적으로 맡기를 권한다. 총무 역할은 참 고달프다. 그저 오는 연락을 받아서 모임에 가는 것이 편하고 좋다. 하지만 총무 역할을 하게 되면 시간을 설계하고 조정하고 모임을 성사하게 만드는 역할을 해야 한다. 각기 다른 사람들의 요구를 듣다 보면 지치고 피곤할 수밖에 없다. 하지만 총무 역할에 충분히 보상이 있다는 것을 총무 역할을 해본 사람은 안다.

총무를 해본 사람들의 특징은 '마당발'이라는 한마디로 정리할 수 있다. 총무 역할을 통해 모임에서 중요 인물들과 관계를 돈독하게 할 수 있게 된다. 인간관계에서 자신을 긍정적으로 봐줄 사람을 남길 수 있다면 최고의 자산을 얻는 것과 같다. 모임도 결국 사람을 얻기 위해서 하는 것이다. 사람을 남기기 위해 수고하고 애쓰는 것은 결코 손해가 아니다. 계산에 밝은 사람이 영리한 것 같으나 사람들은 수고하는 사람을 좋아하고 귀하게 여긴다.

만남도 기록하라

나머지 하나는 나처럼 어디에든 기록으로 정리하고 만날 때마다 찾아보는 것이다. 물론 사람마다 기록의 방식이 다르니 자신에게 가장 편한 프로그램을 쓰면 된다. 인간은 기억에 의존하려고 한다. 하지만 기억은 쉽게 잊히게 되고 부정확하다. 기억에 의존하는 것은 한계가 있다. 기억보다는 기록에 의존하는 것이 현명하다. 인간의 본성은 기록을 귀찮게 여긴다. 하지만 기록에는 유익함이 많다.

누군가와 만나면 명함을 주고받는다. 상대방 보는 앞에서 명함에 이것저것 메모를 하는 사람이 있다. 기억보다는 메모라는 기록의 유익함에 대해서 잘 아는 사람이다. 하지만 상대방 앞에서 그렇게 하는 것은 실례가 되는 행동이다. 사람과 만날 때는 사람에게 집중하는 것이 좋다. 사람들은 자신에게 집중하는 사람을 좋아한다. 특히나 경청하는 태도는 더욱 좋은 인상을 준다.

상대방에게 집중하고 있다는 신호만큼 상대의 호감을 끄는 일도 없다. 그렇게 집중해 상대를 만나고 나서는 그것으로 끝나면 안 된다. 만나고 나면 꼭 기록으로 정리하는 습관을 갖기를 권한다. 상대와 대화하는 과정에서 상대가 언급한 것들 가운데 중요하게 여겨지는 것들, 자녀 문제, 관심사, 취미 등 무엇이라도 좋다. 상대방에 대해서 알 수 있는 것들을 3~7줄 정도로 간략하게 요약해서 정리하는 습관을 갖자.

　이렇게 기록해 정리하는 것은 다음 만남을 준비하기 위함이다. 한 번 만나고 끝나는 관계라면 이럴 필요까지 없겠지만 비즈니스 세계에서 만남은 그렇게 끝나는 일이 많지 않다. 만약 다음에 그 사람을 만나게 된다면 두 번째, 세 번째 만남에서 어떻게 응대할 것인가를 생각해야 한다. 다음에도 똑같은 방식으로 계속 만날 수는 없다. 만남의 횟수가 누적될수록 만남의 깊이가 깊어져야 한다. 누군가와의 만남을 기록해 놓으면 그와 만났던 날짜, 장소, 횟수, 만나서 있었던 일들을 세세하게 확인할 수 있다. 예를 들어 만났던 사람 이름을 검색하면 그 이름이 나온 수만큼 만났을 것이다. 기록을 통해 그동안 그와 만나서 어떤 일들이 있었는지 한눈에 정리할 수 있다. 또 이를 통해 새로이 나눌 이야기를 정리할 수 있다. 자기에게 관심을 가지는 사람을 싫어할 사람은 아무도 없다. 부담을 주지 않는 선에서 관심을 표시하고 대화를 새롭게 할 수 있다면, 인간적인 신뢰를 더 깊이 만들어 갈 수 있을 것이다. 아무리 많이 만났어도 인간적으로 친해지지 않으면 그 인간관계는 한계가 있다. 상대를 만나는 시간을 통해 나도 성장하고 상대도 유익했다고 여기도록 노력해야 한다.

좋은 만남은 정기적으로 가지라

마지막으로 정기적으로 만나는 모임을 만드는 것이다. 직장 생활이 삶의 전부라는 자세는 좋아 보일 수는 있다. 그런 자세를 칭찬하는 것은 맞다. 하지만 직장 생활이 우리가 살아가는 삶의 전부가 될 수는 없다. 직급이 올라갈수록 직장을 벗어난 인간관계에 직면하게 된다. 나아가 직장과 직접 관련이 없는 분야에서 배우는 것이 현재 다니고 있는 직장 생활에 크게 도움이 될 수도 있다. 예를 들면 소설을 쓰는 모임, 책을 읽고 서평을 쓰는 모임, 직장을 떠난 새로운 업종의 사람들과 만나는 모임 등이 그것이다.

직장 안에서 마음이 맞는 사람들과 정기적으로 만나는 모임을 만드는 것도 좋다. 모임의 주기를 정하고 함께 식사하거나 동일한 관심사와 주제를 갖고 교류하는 것이다. 같은 직급과 만나는 것도 좋고, 사내 다른 조직의 사람들과 만나는 것도 좋다. 상사들과 만나는 모임, 부하 직원들과 만나는 모임도 의미가 있다. 운동이나 여행하는 모임을 통해 교류의 폭을 넓히는 것도 길게 보면 도움이 된다. 본사에만 머물지 말고 현장에 있는 사람들과 만나면 새로운 시각과 지식을 얻을 기회가 더 많아질 수 있다. 그렇게 만나다 보면 최소한 적으로 맞서는 일은 없고, 이해관계를 떠난 친구를 만드는 기회가 많아질 것이다. 직장에서 만나 평생 친구로

까지 이어지는 관계도 있을 것이다.

그리고 직장 밖에서는 업계의 사람들과 교류하는 것을 권한다. 자기가 속한 업종에 종사하는 사람들을 만나면 자연스럽게 업계 전체를 보는 시야를 갖게 된다. 게다가 다른 회사에서 하는 일을 듣고 배우는 과정에서 내가 하는 일을 보완하거나 새로운 방향을 잡을 수 있는 정보도 얻을 수 있다. 그러기 위해서는 적극적인 교류를 해야 한다. 나아가 여건이 되면 특정한 내용을 주제로 하는 교육 프로그램 등의 모임에 참여할 수 있도록 노력하기를 권한다. 대개 이런 모임은 교육은 끝나도 관계는 끝나지 않는다. 교육의 끝은 새로운 관계의 시작이라 할 수 있다. 이런 프로그램은 업종을 넘어서서 다양한 분야에 종사하는 사람들을 만날 수 있도록 해준다. 서로 이해관계는 없어도 얼마든지 도움을 주고받을 수 있는 관계를 이룰 수 있다.

모두 여러 모임에 참석하며 살겠지만, 그 모임을 소중하게 여기라고 당부하고 싶다. 이 말을 달리하면 만나는 사람을 소중하게 여기라는 것이다. 어쩌다 우연히 만나는 것으로는 많은 것을 배울 수 없다. 좋은 사람의 깊이를 들여다볼 수도 없다. 참석자 사이의 이해관계가 있는 모임은 오래가기 어렵다. 이해관계가 없이 만나는 모임을 많이 만들고 그들과 적극적으로 교류하는 것이 좋다. 인생은 길고 그 세월 동안 혼자서는 살수 없다. 조직 속에 속해 있을 때는 주변에 사람들이 많다고 생각한다. 그런데 조직을 떠나면 의외로 주변에 사람들이 많지 않다는 것을 알 수 있다. 이해관계로 만난 사람은 이해관계가 없어지면 자연스럽게 급속히 멀어진다. 이해관계 없이 만날 수 있는 만남은 조금만 노력하면 가능하다. 그런 만남이 인생을 풍요롭게 만든다. 그런 만남을 위해서 노력하는 것이 바람직하다.

3. 공부하는 생활은 길을 만든다

프로는 결정적인 순간에 가장 자신 있는 무기로 승부한다. 직장 생활은 돈을 받고 일을 하는 프로의 세계다. 받은 돈 이상의 가치를 증명할 수 있어야 미래가 있다. 우리는 대부분 대학을 졸업한 후에 직장에 들어간다. 어떤 사람은 대학원을 졸업하거나 박사 학위를 취득한 후에 입사하기도 한다. 대학을 졸업한 사람과 대학원 이상을 졸업한 사람들의 차이를 단적으로 말한다면 논문을 써봤느냐 안 써봤느냐로 구분할 수 있다. 논문은 그 사람이 논리적 사고에 얼마만큼 훈련되어 있는지를 증명한다. 가능하면 대학원이나 박사 학위 취득 후 직장에 입사하는 것을 권하는 것은 이 때문이다. 대학에서 배운 지식을 현장에서 곧바로 사용할 수 있는 경우는 드물다. 그래서 대부분 직장에서는 입사한 후 재교육을 받게 한다. 학교에서 배운 것을 기초로 실무에 잘 적응할 수 있도록 교육하는 것이다.

일부터 잘해야 한다

직장에 입사한 후에 가장 중요한 능력은 어떤 것일까? 말할 것도 없이 업무 수행 능력이다. 어떤 사람은 인간관계가 중요하다고 하고 어떤 사람은 개인의 뒷배경이 중요하다고 한다. 틀린 말은 아니지만 우선순위가 바뀐 것이다. 입사 직후 신입 사원이라면 업무 수행 능력을 굳이 강조하지 않겠지만 직급이 올라갈수록 업무 수행 능력이 가장 중요하다.

업무 수행을 잘하기 위해 무엇을 해야 할까? 이것 역시 정답은 있을 수 없지만 누구나 공통으로 강조하는 것이 있다. 업무에 관한 공부를 하는 것이다. 직장에 입사하는 순간 학교에서 했던 지겨운 공부가 끝날 것으로 기대하지만 현실은 그렇지 않다. 입사 후에 학교 때 이상으로 계속해서 공부해야 한다.

세상에 공짜는 없다. 노력한 만큼 대가는 언제나 있다. 운이 좋아 노력에 비해 더 큰 성과를 얻는 사람들이 있기는 하다. 하지만 이는 모든 사람에게 적용되지 않는다. 열심히 노력해야 겨우 그 정도의 성과를 얻는 사람들이 더 많다. 그런 사람들을 운이 없는 사람들이라 할 수 있을까?

인생을 살면서 노력해 성취하고자 하는 것이 정상적인 자세라고 할 수 있다. 게다가 공부하면 얻는 것이 많다. 자기가 하는 일의 자양분이 된다. 그뿐 아니라 공부하는 사람은 성장하고 발전한다. 직장 생활은 시키는 것만 할 수도 있고 그 가운데 어떤 사람은 시키지 않은 것도 하는 사람이 있다. 직장에서는 시키는 것만 하는 것을 넘어 주도적인 생활을 해야 한다. 그래야 직장을 통해서 새로운 가치를 끊임없이 입증하고 회사의 성장과 함께 자기 자신의 미래도 성취할 수 있다.

가장 먼저 권하고 싶은 공부는 글쓰기 공부다. 직장에서 구두로만 업무를 진행하는 일은 거의 없다. 모든 일을 대부분 문서로 처리한다. 그렇기에 글쓰기를 잘하는 것은 아주 중요한 역량이다. 자기 생각을 글로 상대방이 이해하기 쉽도록 작성하는 능력은 업무를 잘할 수 있는 기초 능력이다. 글쓰기는 낮은 직급에서만 필요한 것으로 생각하는데 실상 그렇지 않다. 글쓰기는 높은 직급으로 올라가도 반드시 갖추어야 할 역량이다.

임원이 되어도 보고서를 써야 한다. 대표이사가 되면 보고서를 쓰지 않을까? 겉으로는 맞는 말이다. 하지만 대표이사도 보고서를 쓴다. 대표이사도 회사의 사주나 주주들에게 보고할 일이 있고, 그 보고는 글로 하는 것이다. 글쓰기라고 하면 화려한 미사여구나 유명한 문구를 인용하는 것으로 생각하는 사람들이 있다. 그런 기교도 얼마간 필요하겠지만 기교가 글쓰기의 전부는 아니다.

글쓰기는 자기의 생각을 정리하는 시간이다. 자기가 생각하고 말하고 싶은 것을 명확하게 정리하는 시간이 글을 쓰는 시간이다. 자기의 생각과 주장을 정리하지 않으면 하고 싶은 말을 제대로 할 수 없다. 글쓰기는 직장 생활을 하는 누구에게나 필요한 능력인 셈이다. 글쓰기만큼은 잘 배워두어야 한다.

좋은 보고서는 읽으면 곧바로 의미를 파악할 수 있도록 작성되어 있다. 누가 읽어도 같은 의미로 읽게 된다. 머릿속에서 생각해 글로 쓰는 것은 또 다른 문제다. 생각하는 바를 글로 표현하기 위해서는 자기 생각을 가지런히 정리하는 훈련이 필요하다. 남들이 잘 썼다고 인정하는 보고서를 구해서 여러 번 읽어보는 것도 도움이 된다. 좋은 보고서를 필사하거나 아예 외우는 것도 방법이 될 수 있다. 그러나 그보다 중요한 것은 그 안에서 어떻게 생각의 흐름을 표현했는지 알아내는 일이다.

요즘은 업무 지시를 하면 업무에 대해 생각하기보다 먼저 파워포인트 화면을 띄워놓고 무엇인가 생각하면서 작성하는 사람들을 자주 본다. 생각을 정리하지 않고서는 제대로 된 보고서를 작성할 수 없다. 글쓰기를 하면서 생각이 정리되는 효과가 없지 않지만, 그래도 먼저 생각을 충분히 정리한 다음 정리된 생각을 글로 옮기는 훈련이 필요하다.

좋은 보고서는 그냥 나오지 않는다. 좋은 보고서를 작성해 오는 사람을 관찰하면 늘 자료와 데이터를 갖고 있으며 평소 공부하기를 게을리하지 않는다는 사실을 알 수 있다. 콘텐츠가 있는 사람이 좋은 보고서를 써 온다. 보고서는 자기가 품고 있는 생각만큼 작성할 수 있고, 또 그 사람의 업무 태도가 거기에 다 드러난다.

사람 공부도 중요하다

다음으로 직장에 들어오면 반드시 해야 할 공부 가운데 사람 공부가 있다. 인생이나 직장 생활이나 사람이 만나는 곳이고 사람을 만나는 것으로 끝이 난다. 사람에 대해서 잘 알아야 한다. 함께 일하는 사람, 안팎으로 만나는 사람이 어떤 사람인가 정확하게 알고 맞게 대응할 수 있어야 한다. 만나는 사람을 외모로만 평가할 일이 아니다. 외모도 중요하지만 외모로 전부를 파악할 수 없다. 만나는 사람의 성격, 성장 배경, 인간성, 역량 등을 빠른 시간에 파악할 수 있도록 노력해야 한다.

사람 공부를 해야 하는 이유는 뭘까? 신입 사원 때는 혼자서 일을 한다. 하지만 직급이 올라갈수록 함께 일하는 사람들이 늘어난다. 그리고 함께 일하는 사람들의 역량을 충분히 활용해 더 많은 가치를 만들어야 한다. 그러기 위해서는 그가 어떤 사람이며 무엇을 잘할 수 있는지를 알아야 한다. 어떤 업무는 잘 처리하지만 어떤 부분에는 취약점이 있을 수 있다. 그가 부족한 부분을 보완할 수 있도록 지원해야 한다. 역시나 사람과 능력을 제대로 파악해야 가능한 일이다.

사람 공부를 해야 하는 이유는 사람을 이용하기 위해서가 아니다. 그가 지닌 장점, 잠재력을 파악해서 그가 더욱 큰 성과를 내고 더 높은 역량을 지닌 사람으로 성장할 수 있도록 돕기 위함이다. 거래하는 상대방을 잘 알아야 하는 이유는 그들이 윈윈할 수 있는 협력의 상대이기 때문이다. 상호 협력은 서로 보완할 수 있을 때 효과가 가장 좋다. 물론 상대를 잘 알게 되어 그의 약점들이 보이게 될 수도 있다. 그때는 그것들로 인해 겪을 수 있는 어려움을 미리 예방하는 현명한 대처를 할 수 있다. 하지만 이것이 사람 공부의 주된 목적은 아니다.

직장 생활을 시작할 무렵에는 상사가 시키는 일만 하면 된다. 하지만 시간이 흘러갈수록 그런 일은 없다. 직장에서 승진할수록 직장인 모두에게 공통된 특징이 나타난다. 대부분의 시간을 사람 생각을 하면서 보낸다는 점이다. 어떤 일을 시작하고자 할 때 가장 먼저 생각하는 것이 그 일을 할 만한 사람을 찾는 것이다. 적임자가 없으면 차선책으로 가능성이 있는 사람을 찾는다. 이리저리 생각해도 적임자가 없다면 일을 시작하지 못하게 된다. 나아가 같이 일하는 사람을 알아야 원만한 대인관계도 가능하다.

　사람을 잘 알기 위해서는 어떻게 해야 할까? 여러 가지 방법이 있겠지만 나는 역사책 읽기를 권한다. 역사 속에는 무수한 사람들이 등장한다. 시간의 흐름 가운데서 다양한 상황에 등장하는 인간의 모습과 생각, 행동, 결과 등이 여러 모양으로 등장한다. 시대에 따라 상황이 다르기에 그러한 장면들이 현재의 나에게 직접적인 도움이 되지 못할 수는 있다. 세상에 딱 맞는 상황이 얼마나 있겠는가? 하지만 비슷한 상황이라면 적어도 현재 상황의 내 입장에서 참고할 수 있다. 역사 속의 비슷한 사례를 통해서 의미 있는 교훈을 얻을 수 있는 것이다. 마찬가지 이유로 소설을 읽는 것도 사람 공부에 크게 도움이 된다. 소설 역시 사람 이야기라고 할 수 있기 때문이다.

　누군가를 만나게 되면 그저 만난 것으로 치부하며 거기서 멈추지 않기를 바란다. 그 사람에 대해서 생각하고, 또 그가 지닌 장단점을 살펴보고 기록하는 습관을 들이면 좋다. 만나는 사람을 잘 아는 것이 직장 생활의 시작과 끝이라고 해도 과언이 아니다. 실제 임원 생활의 90% 이상이 사람 보는 일이라 할 수 있다. 외부에서 볼 때 임원 생활은 막강한 힘을 갖고 여러 가지 특권을 누리며 생활하는 것처럼 보인다. 하지만 그런 생활은 겉으로 드러난 아주 작은 일부일 뿐이다. 임원 생활의 본질은 결정하고 결정에 관한 책임을 지는 생활이다. 임원이 하는 결정은 사람을 보

고 하는 일이 대부분이다. 사람을 제대로 볼 수 없다면 잘못된 결정을 내
릴 수밖에 없다.

문제 해결의 능력을 기르자

다음으로 자기만의 문제 해결 방법론을 위한 공부가 필요하다. 직장에서
는 결정적인 시기에 회사가 찾는 사람이 되어야 한다. 평소에 사람들과
사이좋게 지내는 것도 중요하고 인간관계를 잘 구축하는 것도 필요하지
만 직장은 그렇게 좋은 일만 있는 곳은 아니다. 삶을 망가뜨릴 만큼의 고
통스러운 문제 역시 쉼 없이 발생하는 곳이다. 그렇지만 그러한 문제가
생길 때마다 해결할 수 있는 사람을 회사는 기다리고 있다. 결정적인 순
간에 결정적인 해결 방안을 제시할 수 있으면 더 바랄 것이 없다.

　문제 해결을 잘하는 사람이 직장에서 인정받을 수 있다. 문제 해결
을 위해서는 자기만의 방법론을 지니고 있어야 한다. 망치를 든 사람에
게는 모두가 못으로 보인다는 말이 있다. 한 가지 방법만으로는 모든 문
제를 해결할 수 없으며 문제에 따라 적합한 방법으로 해결해야 한다는
교훈을 주는 이야기다. 문제를 해결할 수 있는 최소 세 가지 이상의 방법
론을 갖추길 권한다.

　시중에 문제 해결을 위한 방법들이 많이 소개되어 있다. 컨설팅 회

사에서 사용하는 방법론도 있고, 연구자들이 만들어 놓은 '제약이론'을 포함한 여러 가지 방법론이 있다. 가끔은 『손자병법』이 소개되기도 한다. 문제 해결에 반드시 어떤 방법론이어야 한다는 모범 방안은 없다. 그렇지만 방법론이 강력할수록 좋다. 좋은 방법론을 자기에게 익숙한 것으로 갖추면 된다.

상사에게 배우자

마지막으로, 상사들에게 배우기를 권한다. 상사들에게는 나에게 없는 것들이 있다. 여기서 상사는 직속 상사도 가리키지만, 그보다는 회사를 대표하는 대표이사를 말한다. 상사들의 삶은 직장 생활의 교과서라 할 수 있다. 가끔 '나에게는 없고 상사는 갖고 있는 것은 무엇인가' 하고 생각하는 시간이 필요하다.

상사에게 배우기 위해서는 상사를 자세하게 관찰해야 한다. 잘 배우고자 하는 마음으로 관찰하면 상사의 삶이 보일 것이다. 상사의 삶이 나와는 거리가 있고 상관없다고 생각하는 것은 좋지 않다. 시간이 조금 필요할 수는 있어도 언젠가 나도 그 자리, 그 위치에 있을 수 있다고 생각하는 것이 맞다.

직속 상사의 삶에서 어느 한 가지 장점만이라도 배워보고자 노력하

자. 나에게 없는 것과 부족한 것 가운데 어떤 것이 있을까 생각하고, 그 것을 배워보자. 그것이 나의 삶의 일부가 될 수 있도록 노력하면 결국은 그가 살아온 시간을 통째로 담을 수 있게 될 것이다. 시간이 지날수록 큰 자산이 되어 있음을 발견하게 될 것이다.

대표이사에게 배울 것은 세 가지 정도가 있다고 생각한다. 내 위에 있는 상사와 대표이사의 책임 범위와 결정해야 하는 사정이 같을 수 없다. 더 많은 책임과 권한이 있는 사람의 입장을 배우는 것이 의미가 크다. 또한 대표이사는 어떻게 결정을 하는지 살펴보도록 하자. 대표이사는 사람을 어떻게 파악하고 사용하는지 알아보자. 대표이사가 식사하러 가서 식당 종업원들을 어떻게 대하는지 관찰하자. 말하는 사람의 의견을 어떻게 듣는지도 살펴보자. 대표이사의 행동을 보면서 배울 수 있는 점이 여러 가지 있을 것이다.

다른 일을 하는 사람에게 배울 것

밖에서 만나는 사람들에게서도 배울 점을 찾을 수 있다. 새로운 것은 하나도 없고 과거 이야기를 반복하는 사람을 오래 볼 자신이 있는 사람이 있을까? 누군가도 나에게서 배울 것이 있을까 찾고자 노력할 것이다. 만약 나에게 그런 것들이 보이지 않는다면 결과는 어떠할까? 사람이란 나날이 새로워지고 성장해야 한다는 말은 그냥 나온 말이 아닐 것이다.

남의 장점을 배워서 내 것으로 만들 수 있으면 좋은 일이다. 연륜이 있는 사람들의 행동과 말은 시간이 만들어 준 것이다. 그래서 연륜이 있는 사람의 말에는 지혜가 담겨 있다. 그 자리까지 그냥 올라간 것이 아니라는 생각을 하게 만드는 장면을 가끔 볼 것이다. 그때는 깊이 생각하고 배우는 시간을 가져야 한다. 그들의 말과 행동을 그저 흥밋거리로 뒷말처럼 하는 행동은 바람직하지 않다. 연륜을 갖춘 사람이 왜 그렇게 하는지 생각하는 것이 필요하다. 그것이 오늘 그 사람을 만들었고 그 위치에 오르도록 도왔기 때문이다. 나와 다른 위치에서 사는 사람에게는 반드시 배울 것이 있다. 잘 배워서 나의 자산으로 삼는 지혜로운 삶을 위해 노력하는 습관을 지니길 권한다.

4. 경청하고 결정하라

회사에서 임원이 되고 싶다고 해서 누구나 될 수 있는 것은 아니다. 회사 안에서 실력이 출중하다고 명성이 자자해도 임원이 못 되는 사람이 있다. 반면에 저런 사람이 어떻게 임원이 될 수 있나 생각하게 만드는 사람도 있는데 의외로 임원이 된다. 심지어 능력은 모자라지만 잘나가는 사람이 되어 있기도 하다. 수학 공식처럼 전후가 설득력 있게 설명될 수 있는 것은 아니다. 세상사가 법대로 규칙대로만 되지 않는 일이 있다고 하는데, 임원이 되는 것도 다르지 않다. 임원이 되려면 운이 따라주어야 하는 것은 틀림없다.

기회는 준비된 사람에게만 온다

임원이 되는 것은 그저 운에 맡겨야 하는 것일까? 임원이 될 수 있는 노력을 포기하고 운이 나와 함께하기만을 기다릴 것인가? 운이 따라야 한다는 것도 틀린 말은 아니지만 기회는 준비된 사람에게 온다는 말도 틀림없는 말이다. 운도 준비한 사람을 먼저 선택한다. 이 또한 주변을 돌아보면 어렵지 않게 알 수 있다. 준비하고 있으면 기회가 더 빠르게 찾아온다.

그렇다면 무엇을 준비해야 할 것인가? 직원들은 임원이 될 준비를 이야기할 때 대부분 오해를 한다. 무엇이 되기 위해 준비하는 것은 필요한 준비의 반만 하는 것이다. 준비는 임원이 되는 것과 임원이 된 이후 활동까지 생각하면서 해야 한다. 임원이 된다고 해서 갑자기 없었던 역량과 자세가 생기는 것은 아니다. 준비되어 있어야 자신의 역량을 발휘할 수 있다.

임원이 되고자 한다는 것은 임원이 된 이후의 삶, 곧 임원으로 생활할 수 있는 기초를 다지는 것까지 포함한다. 임원이 되고 난 후에는 임원답게 생활해야 한다. 임원의 임기는 예상보다 길지 않다. 그 시간 동안 나름의 성과를 충분히 만들어 낼 수 있어야 한다. 준비된 상황에서 출발하지 않으면 시간은 예상보다 빠르게 흘러간다.

임원에게 필요한 것은 무엇일까? 임원이라 하면 사람들은 의전과 대우에 대한 것만을 본다. 언제 어느 장소에 가더라도 임원은 일정 수준 이상의 대우를 받는다. 그런 이유로 선망의 대상이 되기도 한다. 하지만 임원의 생활이 외부에서 보이는 게 전부는 아니다. 그런 모습으로 보이는 시간은 예상보다 길지 않다.

임원이 되려고 하는 사람은 임원 생활의 본질을 통찰하는 것이 필요하다. 임원은 결정하고, 결정에 관한 책임을 지는 자리다. 임원 생활은 결정하는 일의 연속이다. 외부에서 볼 때는 막강한 권한으로 지시하기만 하는 모습으로 보인다. 물론 어렵지 않게 결정할 수 있는 일도 많다. 그런 것도 결정이라면 결정이라고는 할 수 있다. 하지만 임원이기에 할 수 있고 또 해야만 하는 그런 결정이라고까지는 말하기 어렵다.

임원으로서 하는 결정은 때로 자기 직책을 걸고 해야 하는 결정을 말한다. 자신이 내리는 결정이 잘못되는 경우 임원은 책임을 져야 한다. 단순히 직장을 떠나는 것만으로 끝나지 않는다. 자신의 결정 때문에 자기가 속한 직장이 큰 어려움을 겪을 수도 있다. 지금은 잘한 것 같은 결정도 시간이 지나면서 수년 또는 수십 년 동안 부정적인 영향을 줄 수도 있다. 한 회사의 임원은 그런 결정은 하지 말아야 한다. 임원이 하는 결정이 자기만을 생각하는 것이어서는 안 되는 이유다. 그런 까닭에 임원은 중요한 결정의 순간에 직면하면 불면의 나날을 보내게 된다. 아쉬운 것은 외부나 혹은 회사 안의 직원들 누구도 임원의 이런 시간을 알지 못한다는 것이다.

이렇기에 회사에서 임원을 중요하게 생각하고 임원의 활동을 지원하는 것이다. 좋은 의사결정을 하고 결정의 결과를 지켜보며 성취의 기쁨을 만끽할 수 있다면 그보다 더한 보람과 즐거움은 없을 것이다.

모든 결정에는 책임이 따른다

결정을 잘 내리지 못하는 사람을 두고 결정 장애를 갖고 있다고 말한다. 일을 추진할 때 결정하지 못하면 어떤 경우라도 아무런 진전이 없다. 자기 외에 누군가 결정해 주기를 바라는 자세로는 아무것도 이룰 수 없다. 임원으로서 가장 못나고 자격 없다는 평가를 받는 자세가 바로 제때 결정하지 못하는 자세다. 결정하지 못하는 임원은 결과를 놓고 누군가를 원망하거나 여러 핑계를 늘어놓는다. 직원들은 그러한 임원의 태도를 보면서 책임지는 결정을 하지 않으려고 할 것이다. 뒷말은 하지 않지만, 상황을 지켜보면서 자기 처신을 생각한다. 그런 임원의 태도는 결국 자기가 속한 조직 문화에도 부정적인 영향을 주게 된다.

우리네 삶은 자세히 들여다보면 결정의 연속이다. 누구나 효과적이고 효율적인 결정을 하고 싶어 한다. 그러나 그런 결정을 하기 위해서는 데이터가 필요하다. 가능하면 다양하고 충분한 데이터를 모아야 한다. 가능하면 주변의 다양한 의견도 듣고 싶다. 그렇게 해서 더 좋은 결정을 하고 싶은 것이다. 충분히 많은 데이터가 모이면 좋은 결정을 할 수 있을까?

결정은 아주 작은 것이라도 본인 스스로 책임지는 자세로 해봐야 한다. 그렇게 반복하면 결정할 수 있는 역량이 축적된다. 그리고 결정한 후에 결과를 살펴보고 피드백해 더 좋은 결정을 위해 경험과 지식을 쌓으려 노력해야 한다. 그렇게 함으로써 자신이 내리는 결정의 질을 높일 수 있다.

사람은 결정해야 인간적으로도 성장할 수 있다. 우리 삶은 한순간도 결정이 아닌 순간이 없다. 결정에는 쉬운 것도 있고 때로 어려운 결정을 해야 하는 순간도 있다. 작은 결정은 쉽게 할 수 있다. 하지만 수백억 원을 쓰는 결정을 어떻게 간단하게 할 수 있겠는가? 신중하게 온갖 데이터를 모으고 세심한 판단을 했더라도 긴장이 된다. 한 번의 결정으로 회사에 엄청난 유익이 될 수도 있고 회사를 어렵게 하는 결정이 될 수도 있다.

책임을 지는 위치에 있게 되면 다른 사람의 도움을 받을 수 있을지는 몰라도 결국 결정은 오롯이 자기의 몫이 된다. 책임을 지는 자세로 결정을 해나가면 인간적으로 성숙하고 있는 자기 자신을 발견할 수 있다. 그렇게 준비가 되어야 임원이 되어도 자기 역할을 할 수 있고 나아가 더 큰 결정을 할 수 있게 된다.

남의 이야기를 잘 듣자

다음으로 임원에게 필요한 것은 경청하는 자세라 할 수 있다. 경청은 상대방의 이야기를 끝까지 듣는 것이다. 남의 이야기를 잘 듣는 일은 결코 쉬운 일이 아니다. 경청에는 무한한 인내와 에너지가 필요하다.

　회사에서 직급이 올라갈수록 일반적으로 듣는 일에 소홀해진다. 일단은 당사자 자신이 너무 바쁘고 결정해야 할 일이 많기 때문이다. 어떤 사안에 대해서 사실 임원만큼 깊이 생각하는 사람은 많지 않다. 임원들은 어떤 사안에 대해서라도 충분히 생각하고 가능한 모든 경우에 대해 검토해서 보고해 달라고 부탁한다. 그리고 그것을 바탕으로 올바른 결정을 할 수 있도록 해달라고 한다. 하지만 그렇게 해주는 사람은 별로 없다. 임원으로서 어떤 이야기를 들어보면 자신의 마음에 들지 않는 경우가 많다. 그런 의견을 숙고하면서 들어야 하느냐는 마음이 들기 때문에 듣는 일에 시간을 쏟기가 아깝다. 그러다 보면 끝까지 듣지 않게 된다. 앞머리 잠시 듣고 미루어 짐작해 결론을 내리기 쉽다. 이야기를 건성건성 듣고 마는 셈이다.

　그렇게 내리는 결정에 대해서 아랫사람들이 이의를 제기하는 것은 쉽지 않다. 이의를 제기할 수 있는 사람이 있으면 좋겠지만, 대부분은 그렇게 결정했으니 나는 결정한 대로 따르면 된다고 생각한다. 모든 일은 결정한 사람의 책임이라 생각하고 더 이상 말하지 않는다. 사안에 관해 결정을 내려야 하는 임원으로서 아랫사람의 지원을 받지 못하는 것은 낭패가 아닐 수 없다.

지루하게 생각되더라도 끝까지 다 듣는 사람은 얻을 수 있는 것이 많다. 먼저 모든 상황을 다 파악할 수 있고 정확한 의사결정을 할 수 있다. 아울러 자신의 이야기를 끝까지 다 들어주는 상사는 부하 직원의 신뢰를 받는다. 이야기를 잘 들어주는 것만으로 부하 직원들이 신나게 업무를 수행할 수 있도록 동기부여를 해주게 되는 것이다.

경청은 에너지가 많이 드는 힘든 일이다. 하지만 말하고자 하는 사람은 자기가 하고 싶은 말이 있다. 그 말을 다 하지 못하면 견딜 수 없어 한다. 자신이 알고 있는 것을 다 말할 기회가 있기를 바란다. 이야기를 들어주는 것만으로 대부분의 문제는 해결된다. 임원이 하고 싶은 말이 있으면 다 듣고 나서 말하면 된다. 직원들에게 임원들과 말할 기회가 얼마나 있을까? 임원 앞에서 자기들이 하고자 하는 말을 다 할 수 있는 것만으로도 직원들은 성장한다.

임원이 되고자 하는 사람은 결정과 경청, 이 두 가지는 반드시 훈련해야 한다. 준비된 사람이 된다는 것은 이 두 가지 점에서 훈련이 되어 있다는 것을 말한다. 임원이 되고 나면 저절로 가능할 것으로 생각하는 사람들이 있다. 이는 큰 착각이다. 준비되어 있지 않으면 할 수 없다는 것을 명심해야 한다.

미리 하는 결정과 경청 훈련을

부장 정도의 위치에 있는 사람은 조만간 임원이 될 가능성이 아주 높다. 그렇다면 당장 이 두 가지를 훈련해야 할 것이다. 부장만 해도 결정할 것들이 제법 많다. 그 가운데는 부담스러운 것들이 많이 있다. 훈련으로 치면 힘든 훈련을 받는 것이다. 그래도 해야 한다. 임원이 되면 그보다 몇 배는 더 힘든 결정을 해야 하기 때문이다. 자신이 결정과 경청에 얼마나 준비되었나를 평가하고, 미흡한 부분이 있다면 곧바로 보완하고자 노력하자.

과장 또는 차장 정도의 위치에 있는 사람은 어떻게 해야 할까? 언급한 두 가지 자질은 직장 생활을 성공적으로 할 수 있는 아주 중요한 것들이라 할 수 있다. 임원이 되고 안 되고를 떠나서 갖춰야 하는 역량이다. 과장·차장은 결정적인 책임이 크지는 않다. 그래서 결정하는 훈련을 하기에는 아주 좋은 직책이라 할 수 있다. 더구나 경청하게 되면 함께 실무를 하는 직원들과 관계가 좋아진다. 상사라 하더라도 혼자서 일할 수 없다. 직원들의 신뢰와 지원이 있으면 직장 생활은 즐거울 것이다. 멀리 보면서 차분하게 훈련하고 준비하는 시간이 될 수 있도록 하자.

신입 사원들은 자신의 포부를 말하라 하면 요즘은 대개 이렇게 대답한다. "저의 목표는 임원이 되는 것입니다." 그 가운데 몇 명은 "대표이사가 되는 것입니다"라고 대답한다. 신입 사원으로 입사해서 30년 가까운 세월이 흘러야 가능할 수 있는 미래를 이야기하는 것이 현실적이지는 않다. 하지만 그 패기는 높이 살 수 있다. 처음부터 목표가 분명한 생활을 하는 것은 좋은 일이다. 그렇게 살아야 한다. 그렇다고 젊음의 패기만으로 살 수는 없다. 패기를 뒷받침할 수 있는 근거가 있어야 한다. 바둑 용어에 '아생연후살타我生然後殺他'라는 말이 있다. 내 근거지를 확실하게 구축한 후에 적을 공격하는 것이 의미가 있다. 역량을 갖추는 노력의 하나하나를 확실하게 해야 한다.

회사에서 신입 사원이 책임질 일은 사실상 없다. 신입 사원이 경청해야 할 것이 있다고 하더라도 임원의 경청과는 차원이 다른 것일 수 있다. 그렇다면 신입 사원은 아무것도 하지 말아야 할까? 이 질문에 대한 대답은 아주 분명하다. 절대로 그래서는 안 된다.

신입 사원은 종이로 치면 백지와 같다. 어떤 글과 그림을 그리느냐에 따라서 그 삶이 달라질 수 있다. 신입 사원 시절에 받은 교육과 훈련은 직장 생활을 마치는 내내 영향을 준다. '세 살 버릇 여든까지 간다'라는 말이 직장 생활에서도 그대로 통한다. 신입 사원 시절에 훈련된 삶이 직장을 마치는 그날까지 자기와 함께한다. 그렇기에 신입 사원 훈련은 아주 중요한 시간이다. 만약 이 시기에 스스로 일에 책임을 지고 결정하는 자세가 훈련될 수 있다면 어떨까? 작은 것에도 책임을 진다는 마음으로 결정하는 훈련을 해보자. 삶이란 결정의 연속이기 때문이다.

누구의 이야기를 들을 수는 없는 위치일 수 있지만, 거꾸로 상사의 이야기를 경청하는 일은 가능할 것이다. 상사의 이야기를 경청하고 실행하는 자세를 볼 때 칭찬하지 않을 상사는 없다. 또한 상사가 칭찬하는 직원을 칭찬하지 않을 다른 상사 또한 없다. 서로 함께 일하기를 원하는 순간을 맞게 될 것이다. 듣는 일은 그렇게 중요하다.

사람들은 듣기보다는 말하기를 좋아한다. 처음부터 경청이 쉬운 사람은 아무도 없다. 누구나 다른 사람의 의견을 듣는 일을 지루하게 여긴다. 잠시는 들어줄 수 있어도 그 시간이 30분, 60분을 넘어가면 인내하고 들어줄 수 있을까? 그래서 경청에 훈련이 필요한 것이다. 부정적인 본성을 극복하는 훈련 없이 가능한 것은 없다. 들어주는 시간이 문제의 절반 이상을 해결한다. 들어주는 것만으로도 문제는 대부분 해결된다는 것 또한 틀림없는 사실이다.

결정하고 책임지는 사람은 성숙한 인생을 살아갈 수 있다. 상대방의 이야기를 끝까지 들어주는 사람은 주변에 사람이 끊이지 않는다. 임원이 되기 위해 훈련하기보다는 풍요로운 삶이 될 수 있기 위해 노력하자. 누군가를 도와줄 수 있는 사람이 되기 위해 노력하자. 그렇게 노력하다 보면 어느 틈에 그런 사람이 되어 있을 것이다. 또한 어느 순간에 이미 그렇게 살고 있는 임원이 되어 있는 자기 자신을 발견할 수 있지 않을까?

5. 태도와 자세

임원이 되기를 원하는 젊은이라면 어떤 태도와 자세를 가져야 할까? 임원은 되고 싶다고 해서 될 수 있는 것은 아니다. 현직에 있는 임원에게 추천받는다면 가능성은 매우 높아진다. 현직 임원은 어떤 사람을 기꺼이 임원으로 추천할 것인가?

직장 안에서 임원들은 회의, 업무 협의, 교류 등의 목적으로 자주 만난다. 그러다 자연스럽게 같이 일하는 직원에 관한 이야기도 하게 된다. 임원이 되기까지 직장 생활을 오래 해서 그런지 대뜸 "누구는 앞으로 임원이 될 수 있을 것이다"라고 직설적으로 이야기하기도 한다. 아직 젊은 직원이지만 그의 태도와 자세를 관찰한 후 말하는 것이니 근거가 전혀 없는 것은 아니다.

나에게도 그런 직원을 만났던 경험이 있다. 여기서 그 직원의 사례를 소개해 본다. 이 사례를 통해서 어떤 사람이 미래의 임원으로 추천을 받을 수 있는지 그 태도와 자세에 대한 교훈을 얻을 수 있었으면 좋겠다.

어떤 슬픈 이야기

이전 직장에서 현재 나의 후임이 되어 직무를 수행하고 있는 사람의 이야기다. 2023년에 그의 부인이 유명을 달리했다. 그의 부인은 2014년 말기 암 진단을 받은 후 9년 동안 투병하다가 세상을 떠난 것이다. 그는 부인이 암 진단을 받은 후 어느 정도 시간이 지나고 나서 어느 날 나를 찾아왔다.

"저에게 휴가를 이틀만 주시면 안 될까요?"

"연월차 휴가가 있지 않나? 충분할 것 같은데, 왜 그러지?"

"사실은 휴가를 다 사용했습니다. 그동안 집사람 병원에 다니느라 이제 휴가가 없습니다."

그가 나에게 요청했던 것은 회사 규정상 갈 수 없는 휴가였다. 그 이유는 투병하던 그의 부인이 패혈증에 걸리는 바람에 병세가 심각해졌기 때문이었다. 패혈증이라면 위중한 상황일 것은 설명이 더 필요하지 않았다. 그가 휴가를 가도록 하는 것이 맞았다.

하지만 나는 승인을 망설였다. 당시 나는 내 상사였던 사람에게 심한 견제를 받고 있었다. 언제라도 내가 자기의 대안이 될 수 있으리라 생각했는지, 그는 사소한 것들도 문제 삼았다. 내가 어떤 실수라도 하면 기다렸다는 듯이 윗사람에게 달려가 고자질했다. 어떻게 그런 것까지 고자질하나 싶을 정도로 빨리 전달되었다. 나는 그런 사람에게 책을 잡히고 싶지 않았다.

당시 휴가를 요청했던 직원은 반드시 해야 할 업무가 있었다. 정보 보호를 위해 반드시 구축해야 하는 시스템이 있었고, 시스템 구축 후 감사도 받아야 했기 때문에 일정을 준수해야 했다. 사업 비용도 10억 원이 넘는 중요한 시스템이었고, 그때는 업무에 착수해서 진도를 나가야 하는 시점이기도 했다.

만약 이 업무를 제대로 하지 못하면 그 사람은 또 꼬투리를 잡아 나를 모함할 것이 뻔했다. 그래서 휴가를 다녀오라는 말을 바로 할 수 없었다. 또 없는 휴가를 직권으로 보냈다는 걸 그 상사가 알았을 때를 생각하면 한숨이 먼저 나와 더욱 머뭇거리게 했다.

그를 휴가 보내고 나서 감당해야 할 짐이 너무 커 보였다. '꼭 휴가를 가야 하겠나? 지금은 할 일이 있으니 그 일을 하면서 지켜보면 안 될까?' 일이 중요하니 그렇게 하자고 말하고 싶었다. 나는 즉답을 피하고 이따가 다시 이야기하자고 했다. 잠시 후 나는 그를 불렀다. 그리고 이렇게 말했던 것으로 기억한다. "이 팀장, 부인을 사랑한다고 했지? 그 부인과 관련해서 후회될 수 있는 일은 하나도 하지 않도록 하게나. 회사 일도 중요하지만 내가 볼 땐 지금은 그 일이 더 중요한 것 같다. 모든 책임은 내가 지겠으니 휴가 잘 다녀오도록 해."

그렇게 그는 휴가를 갔다. 그를 휴가 보냈던 이틀의 시간은 너무나도 느리게 흘렀다. 그렇게 조마조마해하며 이틀의 시간이 흘렀다. 어떻게 되었을까? 무척 궁금했지만 물어볼 수는 없었다. 그러던 중 일요일 오후에 그에게서 전화가 왔다. 바짝 긴장해서 전화를 받았는데 그의 목소리가 밝았다. 비로소 안심했다.

"걱정 많이 하셨죠? 집사람 상황이 호전되어서 회복하고 있습니다."

병실에서 쓴 문서

나중에 알고 보니 당시 상황이 위중해서 본가와 처가 가족들이 마음의 준비를 하고 모였다고 했다. 그랬는데 다행스럽게도 회복된 것이다. 큰 짐을 던 것 같아 홀가분했다.

이튿날 그는 밝은 얼굴로 회사에 출근했고 내게 인사를 하면서 서류 뭉치를 하나 건넸다.

그가 건넨 서류 뭉치는 그가 해야 했던 시스템 구축을 위한 문서였다. 나는 깜짝 놀라서 물었다. "아니, 이걸 어떻게 언제 만들었어?" 그는 말했다. "집사람 병세가 위중해서 무균실에 들어가 있어야 했습니다. 저는 그 앞에 지키고 앉아 있어야 했고요. 그 자리에서 작업했습니다."

그가 만든 서류를 살펴보니 고칠 것이 별로 없었다. 곧바로 사업을 진행해도 될 만큼 작성되어 있었다. 역시 그다운 일 처리 솜씨였다. 그렇게 중요한 시스템을 차질 없이 구축할 수 있었다. 그리고 그는 그해 마카오로 가서 여러 나라 사람 앞에서 시스템 구축 성공 사례를 발표했다. 이듬해에는 샌프란시스코에 가서 같은 발표를 했다. 동시에 그 직원의 성공적인 업무 추진을 쓸쓸하게 바라보는 사람의 얼굴도 볼 수 있었다.

그는 그렇게 자기 직무에 충실했고 책임감을 느끼고 일을 했다. 그를 한 번 면담했던 사장님도 나에게 그가 로열티가 있는 직원이라고 평가하셨다. 상사로서 나는 업무와 관련해서 궁금할 때 먼저 공부했고 공부한 것으로 질문을 만들어 담당자에게 질문했다. 질문에 답을 하지 못했던 직원들이 많았지만 내 기억에 그는 내가 하는 질문에 답을 하지 못한 적이 한 번도 없었다. 그는 집에 개인 연구실을 만들고 자기 직무 수행을 위해 필요한 장비들을 갖춰놓았다고 했다. 부인이 투병하는 상황에서도 주말에 시간을 내어 꾸준히 공부하는 모습을 보였다. 그는 업무를 수행하면서 만나게 되는 사람들과 매우 가깝게 지내면서 자기에 대한 좋은 평판을 만들어 갔다. 상대방이 힘들어하는 문제를 언제나 확실하게 해결하기 때문에 그에게는 사내에서 일어나는 일과 그 일의 속사정에 대한 깊이 있는 정보가 모였다. 그렇게 그는 결정적인 순간에 다른 사람들이 찾게 되는 사람으로 성장해 나갔다.

그의 부인은 그때 이후로 9년간 투병하다가 갔다. 그는 지금도 매주 아내가 있는 곳을 찾아간다고 했다. 이유를 물었더니 이렇게 답했다. "너무 오래 아팠잖아요. 그 시간이 아직도 생각이 많이 납니다."

굳이 이 사례를 말하는 것에는 이유가 있다. 직장에서 자기가 맡은 직무에 대해서 그것이 무엇이든지 이 정도의 태도와 자세를 갖고 생활한다면 그 사람의 미래를 굳이 말할 필요가 없을 것이다. 그는 자기 직무에 대한 실력을 발휘하면서 그 과정에서 상사들의 마음을 얻었다. 이 사례가 너무 과한 수준이 아닌가 생각할 수 있다. 하지만 100 대 1의 경쟁을 뚫어야 하는 임원 경쟁에서 이 정도의 태도와 자세는 있어야 하지 않을까 생각한다.

이러한 것들 외에도 임원이 되고자 하는 사람은 생계를 유지하는 것과 삶을 살아가는 것은 같지 않다는 것을 늘 생각해야 한다. 사람에 대한 태도와 자세를 말하는 것이다. 생계를 유지하기 위한 목적에만 집중하게 되면 일의 성과를 기준으로만 사람을 대하고 상처받게 해 사람을 잃을 수 있다. 인간으로 삶을 살아가는 과정 중에 생계를 유지하기 위한 활동이 있는 것이다. 그러므로 임원이 되고자 한다면 사람을 먼저 생각해야 한다. 만나는 누구든지 귀하게 여기고 존중하고 사랑해야 한다. 언제나 사람을 얻는 의사결정을 해야 하고 그렇게 하려고 노력해야 한다. 임원도 영원하지는 않다. 언제가 후임자에게 물려주고 떠날 때 사람을 남길 수 있어야 한다. 함께하는 사람들에 대해 따뜻한 마음을 갖고 대하는 것은 무엇보다 소중한 인생의 자산이다.

나가며

"훗날에 훗날에 나는 어디선가

한숨을 쉬며 이야기할 것입니다.

숲속에 두 갈래 길이 있었다고,

나는 사람이 적게 간 길을 택하였다고,

그리고 그것 때문에 모든 것이 달라졌다고."

미국 시인 로버트 프로스트Robert Frost의 시 〈가지 않은 길The Road Not
Taken〉의 일부다. 중학교 때 이 시를 배웠는데 여태까지 내 기억 속에 자리
잡고 있고, 삶의 여정마다 기억이 떠오르는 것을 보면 '가지 않은 길'에
대한 아쉬움이 남아 있음을 깨닫게 된다.

나는 기계공학을 전공했다. 내가 공대에 진학했던 것은 취업이 잘

된다는 것 외에는 별다른 이유가 없었다. 지난 시간을 돌이켜 보면 취업하는 것 외에 다른 인생의 길에 대해서는 생각하지 못했다. 학생 때 가장 성적이 좋았던 과목은 기계공작법이었다. 그렇다면 현장 근무에서 답을 찾는 것이 적절했다. 하지만 직장에 들어가서 선택한 것은 기계공학 분야가 아닌 전산IT이었다.

왜 오래 공부했던 전공을 버리고 새로운 직무를 선택했을까? 미래에 대한 특별한 통찰력이 있어 그랬던 것은 아니다. 대학 4학년 때 자동제어 과목을 듣게 되고, 그 가운데 제어가 프로그램으로 가능한 것을 보고, 프로그램에 대한 호기심이 생겼다. 기회가 되면 꼭 배워보고 싶었다. 그런 이유로 전산을 선택했고 당연히 미래에 대한 두려움도 컸다.

어느 날 동료와 함께 상사에게 업무 지시를 받았다. 이후 업무를 처리하는 과정에서 다른 동료는 상사의 지시를 아주 잘 이해하고 업무도 능숙하게 진행하고 있었다. 그렇지만 나는 상사의 지시를 단편적으로 이해하는 수준에서 일하고 있음을 깨닫게 되었다. 왜 차이가 있을까 하는 이유를 곰곰이 생각하니 전공한 것과 그렇지 않음에서 비롯된 것이었다.

처음부터 새롭게 공부해야 했다. 공부하지 않으면 직장에서 살아남을 수 없다는 위기의식으로 책을 읽기 시작했고, 하나라도 더 배우려고 회사에서 실시하는 교육에도 적극적이었다. 입사 후 배웠던 것 가운데 '구조적 시스템 개발 방법론'도 있었다. 시스템 분석가라는 역할이 있다는 것도 알게 되었다. 처음에 전산을 배우며 무슨 말인지 다 알아듣지 못했지만 열심히 배웠고, 이 지식은 나중에 여러 번 이직하면서 순탄한 직장 생활을 하게 해주는 밑거름이 되었다. 그렇게 자동차 회사, 언론사를 거치며 새로이 직장을 옮겨 갈 때마다 새롭게 공부해야 했다. 그래도 새로운 것을 해보고 싶은 호기심은 불확실한 미래에 두려움을 넘어서도록 해주었다.

그렇게 몇몇 회사를 전전하며 새로운 업무를 배우고 적응하면서 살아왔다. 지금 생각해 봐도 직장을 바꾸는 일은 쉽게 결정할 수 있는 일은 아니었다. 또한 어렵게 바꾼 직장에서 잘 적응하기도 쉬운 일은 아니었다. 지금 생각하면 무모한 결정이 될 수도 있었지만 그때는 큰 어려움 없이 적응할 수 있었던 것은 다행이었다.

이직 후 새로운 직장에서 업무 수행에 능력을 발휘하는 데에는 시간이 많이 필요하지 않았다. 그것은 내가 출중해서라기보다는 첫 직장에서 기초를 잘 닦을 수 있었기 때문이었다. 회사 선배들과 상사들이 나에게 필요한 것들을 세심하게 가르쳐 주었고 나는 그저 열심히 배우기만 했다. 신입 사원으로 서투른 내가 잘할 수 있도록 친절하게 지도해 준 실력 있는 선배들 덕분에 나도 의식하지 못하는 가운데 성장한 것이다.

나는 운이 좋게도 직장을 옮길 때마다 새로운 것에 눈을 뜨게 해주고 프로답게 일하는 모습을 보여주는 사람을 만날 수 있었다. 나는 그들의 모습을 보고 어떻게 해서든 그들의 역량을 열심히 배워 내 것으로 만들려고 했다. 그들과 함께 일할 때는 몰랐지만 새로운 곳에 가면 그런 노력이 새로운 환경에 쉽게 적응할 수 있게 하는 원동력임을 깨닫게 되었다.

나는 여러 면에서 부족함이 많은 사람이었다. 내 부족함과 한계가 문제 될 때마다 은인과 같은 사람들을 만나 그들의 도움에 힘입어 한계를 극복하고 직무를 감당할 수 있었다. 글을 마치면서 귀한 은인들을 잊지 않고 감사함을 여전히 지니고 있는지 돌아보게 된다. 세상은 혼자 사는 곳도 아니고 혼자서 모든 일을 다 할 수도 없다. 누군가의 도움이 없다면 그 누구도 살아가기 쉽지 않다. 나 또한 예외일 수 없어서 많은 사람에게 도움을 받았다. 나를 이끈 상사들과 함께 일한 동료들, 늘 최선을 다해주었던 직원들이 생각난다. 이 글을 쓰면서 여러 얼굴이 떠올랐다. 평소 늘 기억하던 얼굴도 있었지만 오랫동안 잊고 지냈던 얼굴도 있었다. 그들이 없었으면 아주 고단한 인생이었을 터다. 이 자리에서 그들 모두에게 미안함과 함께 감사의 마음을 전한다.

이 책을 쓰면서 많은 기억이 떠올랐다. 좋은 기억을 남겨준 사람들, 상처 주었던 사람들에 대한 기억이 떠올랐다. 모두가 좋은 기억만 남긴 것도 아니고 모두가 상처만 남긴 것도 아니다. 누구에 대해서도 칭찬 또는 비난만 할 수는 없었다. 나는 좋았던 기억만 남기고자 했다. 좋았던 기억이 적다고 해서 비난하지 않으려 했다. 다만 살아온 시간을 설명하려니 불가피하게 쓴 내용은 있다. 시간이 지나니 기억도 희석이 되는 것을 느낀다. 이제는 좋은 것만 기억하고 살고자 해도 시간이 부족하다. 앞으로는 잊고 있었던 고마웠던 사람 그리고 좋은 기억만 간직하고자 애쓰면서 살고자 한다.

끝으로 이런 생각을 해본다. 호기심에 강하게 이끌려 늘 새로운 길로 들어서게 했던 무모함은 지금이라면 멈출 수 있을까? 가지 않은 길에 대한 호기심은 언제쯤 멈출 수 있을까? 아마도 멈추지 못할 것이다. 두려움과 부담도 여전할 것이다. 동시에 은인이 되어줄 사람을 만날 기대도 있다. 그렇게 만나는 인연은 더 소중하게 가꾸고 오래 가슴에 담아둘 좋은 기억으로 만들고자 노력하며 살아갈 것 또한 분명하다.

마지막으로 부족한 원고를 기꺼이 책으로 펴낼 결심을 해준 동아시아 출판사 한성봉 대표, 편집을 맡아준 장인용 선생께 감사의 마음을 전한다.